일본에서
국문학을
가르칩니다

차례

들어가며 07

1장 ▶ 처음 가본 세상, 일본에서 교수가 되기까지

광주, 서울 그리고 도쿄 18

처음 가본 일본 31

일본어 적응 지도원 39

마늘 냄새와 한류 52

2장 ▶ 외국인으로서 일본의 삶은 안전합니까?

박사 학위와 취직 68

외국인 작가는 비자 발급이 유리할까? 78

유명 문학상은 작품성으로만 주어질까? 95

영어와 일본어의 대결 107

한자문화권 119

3장 언어를 둘러싼 차별

글자 배우기 운동과 헤이트 스피치 132

단일 민족과 국문학 145

이름과 정체성 157

여성 국민작가 168

왜 나카지마 교코인가, 왜 도서관인가 179

4장 뉴커머와 공존하는 사회

마른하늘에 날벼락! 196

교양 쌓기 210

구별 짓기, 닮아가기 221

출판 제국의 프로파간다 233

뇌하수체종양 수술을 받고 248

참고문헌 262

일러두기
1 인명 등 고유명사는 국립국어원 외래어표기법을 따르되 국내에 이미 널리 통용되는 표현은 관습 표기에 따랐습니다.
2 단행본·정기간행물은 겹낫표(『 』)를, 단편·중편은 홑낫표(「 」)를, 노래·시·드라마 등은 홑화살괄호(〈 〉)를 사용했습니다.

들어가며

저는 니혼대학 문리학부 국문학과에 근무합니다, 라고 소개하면 사람들은 꼭 묻는다. '국문학'이면 한국 문학을 말하는 건가요? 아뇨, 일본 문학이에요. 이렇게 대답하면 바로 또 되묻는다. 외국인이 일본 문학을 가르친다고요? 혹시 영어로 강의를 하시나요? 미국에서 대학을 나오셨나 보네요? 재미 교포세요? 아뇨, 일본어로 강의합니다. 아…… 재일 교포시구나. 매 순간 같은 질문이 쏟아지고 같은 답변을 되풀이한다. 일본에서든 한국에서든 나의 자기소개는 간단히 끝나지 않는다.

대부분 일본 대학이 그러하듯 우리 대학도 1년에 두

차례 오픈 캠퍼스를 진행한다. 특히 매년 7월 둘째 주 일요일에 열리는 여름 오픈 캠퍼스는 규모가 크다. 이 시기 다른 대학들도 오픈 캠퍼스를 하기에 한 명이라도 더 많은 사람이 관심을 갖도록 사전 홍보에 힘을 기울이고 철저히 준비한다. 고등학생들과 학부모들은 대학을 돌아다니며 학교 설비와 분위기를 살펴보고 희망하는 학과 부스에 가서 교수들과 직접 진학을 상담한다. 뭐든지 질문하세요! 라며 권하고 모든 질문에 성심성의껏 답한다.

다른 대학으로 눈을 돌리지 않도록 우리 대학의 매력을 어필하는 여러 가지 이벤트도 선보인다. 세대가 다른 학부모와 고등학생 모두의 마음을 잡아끄는 기획은 쉽지 않아서 항상 고민이 많다. 전 학과가 반드시 체험 수업(15분)을 기획하는데, 수업이 끝나고 진학 상담 부스가 북적거리면 그날 수업은 성공이다. 이보다 적나라한 강의 평가는 없다. 담당 선생은 15분이라는 짧은 시간에 상대 마음을 사로잡는 강의를 하기 위해 최선을 다한다.

니혼대학에 부임한 첫해, 체험 수업을 맡았을 때였다. "국문학과 교수 고영란입니다"라고 자기소개를 하자 대형 강의실을 꽉 채운 고등학생과 학부모가 너무나 깜짝 놀라는 게 아닌가. 묘한 반응에 당황한 나는 속으로 15

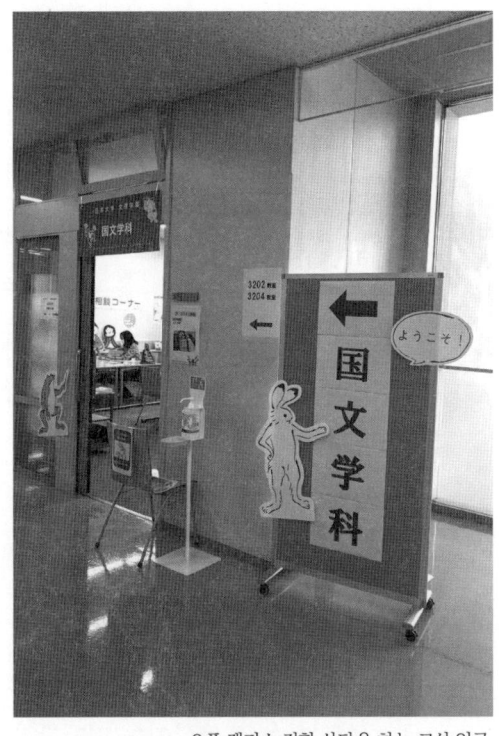

오픈 캠퍼스 진학 상담을 하는 교실 입구.
재학생들과 교수들이 입구에서 안내하며
고등학생들과 학부모들의 관심을 끌기 위해 노력한다.

분밖에 없는데 이 싸한 분위기를 어쩌지? 걱정이 앞섰다. 15분간 니혼대학 국문학과 지망자를 조금이라도 늘려야 한다는 중압감과 싸우며 처음 대학을 찾은 그들에게 신뢰감을 주고 전공 수업을 체험시키려니 몹시 부담스러웠다.

'교수'가 교단에 서면 자연스레 권위가 선다는데 나는 사정이 조금 다르다. 그래서 신입생들의 첫 수업에 신경을 많이 쓴다. 왜냐하면 고등학교까지 내 학생들은 '국문학'이란, 일본인이 일본인을 위해 일본어로 쓴 문학이라고 배웠기 때문이다. 유학생도 예외는 아니다. 일본에서 일본인 교수에게 일본 문학을 배운다는 기대를 안고 입학했을 것이 분명하다. 게다가 올해는 국문학과 학과장을 맡게 되어 온갖 진학 설명회에 참가해 우리 학과를 소개해야 한다. 어쩌지…… 또 많은 분이 놀라시겠구나.

이 책은 '국문학을 가르친다'는 말로 사람들을 놀라게 해온 내가 어떻게 근현대 일본 문학 연구자가 되었는지, 어떻게 일본 대학에 취직했는지, 어떤 수업을 하는지, 외국인으로 사는 도쿄살이는 어떠한지를 담았다.

이 이야기를 가장 전하고 싶은 분이 있다. 나의 엄마.

1944년생인 엄마는 올해 만 81세. 광주에서, 일본어로 말하자면 히토리구라시(一人暮し 홀로살이)를 한다. 취미가 많고 운동을 즐기신다. 어쩌면 근육 나이는 나보다 젊을지도 모른다. 자식에게는 무척 감사한 일이다.

세상의 모녀 사이는 각양각색일 터. 나는 여동생과 달리 엄마와 마음을 터놓고 도란도란 얘기를 나누는 사이가 되기까지 적잖은 시간이 걸렸다. 엄마와의 대화를 일체 거부했던 고등학교 시절 감성이 어딘가에 남아서 조금은 불편한 모녀 관계가 40대까지 이어졌다. 후회막심이다. 왜 먼저 다가가지 않았을까. 40대 중반이 넘어서도록 날 선 말로 자주 엄마 마음을 베었다. 가끔 그 상처가 너무 깊지 않은지, 지금도 아프지 않은지 걱정된다. 내 나이 50대 중반이 되어서야 철이 드는 모양이다.

"일본에서 무엇을 하니?"

엄마는 절대 이런 질문을 하지 않는다.

나는 안다. 외국에 있는 딸에게 부담 주기 싫어 매일 매 순간 '일본에서 어떻게 지내고 무엇을 하는지' 묻고 싶어도 묻지 않음을……. 알면서 엄마가 눈으로 말하는 무언의 질문에 제대로 대답한 적이 없다. 더 늦기 전에 엄마의 질문에 대답해야 한다.

정은문고 이정화 대표님과 도쿄와 서울을 오가며 책 기획에 관한 얘기를 나눴다. 한국인이 일본인에게 일본 문학을 가르친다는 아주 조금 특별한 나의 경험을 공유하는 글을 쓰기로 약속했고, 보름에 한 번씩 책에 넣고 싶은 이야기를 적어 보냈다. 몇 번을 보냈을까. 대표님께서 조심스럽게 "글에 '고영란'이 좀 드러나면 좋겠어요"라는 메일을 보내셨다.

고영란을 드러내라…… 이 말을 되새김질하며 며칠을 보냈다. 생각해보니 일본 문학 연구자로 살아남기 위해 일본어로 갖가지 글을 써왔지만 '나'라는 주어를 사용한 적이 거의 없었다. 연구 논문은 '나'라는 주어가 생략되는 경우가 많다. 주어 자리는 연구 대상의 몫이기 때문이다. 이는 연구자로서 자신의 연구 결과와 글에 책임을 지는 것과는 차원이 전혀 다른 문제다.

나는 사적인 나를 드러내는 글을 좀처럼 쓰지 않는다. 강의를 하고 학생들 논문 지도를 하는 직업인 만큼 일방적으로 자기주장을 내세울 거라는 오해를 종종 받는데, 내가 생각하는 이상적인 문학 연구자는 타인의 목소리를 잘 듣는 사람이다. 그것도 큰소리를 내는 힘센 자들의 목소리가 아니다.

문학은 허구이기에 현실에서 불가능한 설정이 얼마든지 가능하다(이것이 가장 큰 매력이다). 이를테면 문학 텍스트 안에서는 문해력이 없는 사람이든 사회적으로 소외받는 사람이든 발언의 기회가 동등하게 주어진다. 우주인이나 동물, 사물과 자유로이 말을 주고받거나 동물, 사물, 우주인, 유령 등 뭐든지 자기 목소리를 낼 수 있다. 제노사이드로 인해 억울하게 세상을 떠난 사람, 천재지변으로 희생된 사람 등등 자신의 존재가 일순간 말소된 이들이 억울함을 호소하기도 한다. 나는 그들의 목소리를 듣기 위해 애쓴다. 또 "행간을 읽어라"는 선배 연구자들의 조언대로 이야기 속 공백(쓰이지 않은 이야기)에도 주의를 기울인다. 여러 사정으로 침묵을 강요당하고 배제된 존재에게 새로운 의미를 부여하고 생명을 불어넣는 것이 문학 연구자의 일이기 때문이다.

그렇지만 내가 이렇게 읽었으니 당신도 나와 똑같이 읽으라고 지시해서는 안 된다. 문학 표현이 탄생한 시간과 공간으로 날아가 당시 역사적·사회적·문화적 맥락을 철저하게 조사하는 작업을 거쳐야 한다. 문학 연구자는 어떤 면에서 고고학자와 비슷한 일을 한다. 결코 '나'라는 주어로 내 이야기를 쓰지 않는다.

대표님의 질문은 내가 나를 표현하는 방법을 알지 못할 뿐만 아니라 알려는 노력조차 하지 않았음을 깨닫는 계기가 되었다. 그 밖에도 이 책이 완성될 때까지 나와 보폭을 맞추며 많은 조언을 해주셨다. 대표님께 감사드린다. 또 뵙지는 못했지만 내 문장의 흐름이 잘 만들어지도록 조율해준 안은미 선생께 고마움을 전하고 싶다.

타인의 목소리를 잘 듣기 위한 직업 훈련을 오랜 세월 받았으면서도 정작 나는 내 엄마와 마주 앉아 우리의 삶을 얘기한 적이 없었다. 그의 삶을 이해하려는 노력이 부족했고 내가 일본에서 무얼 하는지를 이해할 만한 언어로 전달하려고 하지 않았다.

모든 글은 누군가를 향해 발신한다. 나는 엄마가 단 한 번도 말로 표현하지 못했던 질문에 대답해보련다. '엄마'가 내게 일본에서 무엇을 하냐고 묻는다면······.

1장

처음 가본 세상,
일본에서 교수가 되기까지

광주, 서울 그리고 도쿄

대학 진학이 인생의 전부는 아니다. 그런데 겨우 열여덟 살 무렵에 내린 선택과 경쟁의 결과가, 대학을 거쳐 사회에 나가려는 이들에게 평생 족쇄가 된다면, 너무나도 가혹한 일이다. 내가 만약 도쿄에 오지 않았다면 나는 어떤 인생을 살았을까? 지금과 같은 안정된 연구 환경이 주어졌을까? 근대 초기부터 현대에 이르기까지 다양한 형태로 발달해온 미디어·문학·문화 연구를 선택했을까? 여러 나라와 지역을 돌아다니며 국제 회의를 기획하고 서로 다른 언어권에 사는 연구자들과 협업할 수 있었을까? 아마도 그렇지 않을 것이다.

2011년에 발급받은 여권은 7년 만에 출입국 스탬프로 꽉 차서 종이를 덧대야 했다. 정확히 기억하지 못하지만 2010년대 중후반쯤 한국 출입국 스탬프가 생략됐으니 한국 외 다른 나라들로 다 채운 셈이다. 대부분 여행이 아닌 국제 회의 참가 또는 강의와 공동 연구를 위한 체류였다. 여러 나라가 인문학자에게 해외 연구자와의 인적 네트워크 구축과 공동 연구를 장려하기 시작한 시기와 맞물려, 나의 이동 역시 잦아졌다.

그렇다고 영어를 잘하는 편도 아니었다. 내가 일본 근현대 문학·문화 연구자이면서 한국어를 구사한다는 점이 부가가치로 작용했다. 영어 능력자가 아니어도 자신만의 개성이 드러나는 연구를 하면 큰 불편함이 없었다. 나를 초대한 분들은 힘들었을지도 모르지만······.

보충수업을 피하려고 선택한 미술

학창 시절, 나는 지금의 미래를 꿈꾸지 않았다. 솔직히 말하면 꿈이 없었다. 중학교 3학년부터 고등학교 2학년까지 학교에서 정한 기본 시간만 채우고 집으로 돌아왔다. 고1 때는 방과 후 보충수업, 여름과 겨울 방학 보충수업을 전부 빠졌다. 거의 아무것도 하지 않은 채 집에서 음악을 들었고 틈만 나면 잤다. 아무리 자도 잠이 부족했다. 이유는 모르지만 그런 시간이 소중했고 필요했다. "집에 다녀오겠습니다"라고 자조적으로 말할 정도로 이른 아침부터 밤늦은 시간까지 학교에 고등학생을 붙잡아두던 전두환 정권의 교육 환경을 생각하면 단 한 번도 꾸짖지 않고 늘 상냥했던 담임을 만난 건 내게 최고의 기적이자 행운이었다. 덕분에 고등학교 첫 1년을 무사히 보냈다.

담임은 미술 선생님이었는데 하루는 내가 그린 그림들을 들고 집까지 찾아와 미대 진학을 권했다. 너랑 꼭 닮은 딸을 키워보라는 말을 할 만큼 내게 실망하고 거의 포기했던 부모님을 설득했다. 아마도 내게서 뛰어난 재능을 발견했다기보단 미술 실기 경험이 좀 부족해도 사범대 미술 전공이라면 합격 가능성이 있다고 생각했던 것 같다. 중학교 성적을 담보로 내린 판단이리라. 부모님은 마음이 흔들렸지만 나는 그마저도 귀찮아서 거부했다.

그런데 고2가 되자 마음이 바뀌었다. 이유는 단순했다. 2학년 담임은 아주 엄해서 반드시 보충수업을 받아야 했다. 별 관심은 없었지만 수업이 끝나면 누구 눈치 볼 필요 없이 바로 학교를 벗어날 수 있는 예체능을 선택하기로 마음먹었다. 어떻게 하면 학교에 있는 시간을 줄일 수 있을까, 오직 그 생각뿐이던 시절이었다. 딱히 하고 싶은 일이 없었다. 시험 전날조차 공부는커녕 수업은 듣는 둥 마는 둥 숙제도 거의 안 했다. 머리가 좋지도 않았다. 성적은 여러분의 상상에 맡긴다. 아무튼 미대 진학을 핑계로 미술부에 들어갔고, 내 결정을 기뻐하는 미술 선생님을 방패막이 삼아 보충수업을 빠진 채 화실에 다녔다. 남녀 구별 없이 대학생 선배들과 섞여 먹고 떠들면서 그림을 그리는 그곳 분위기가 참 편하고 좋았다.

그랬던 내가 어느 순간 갑자기 변했다. 지금도 이유를 모르겠다. 고3이 된 첫날, 미대가 아닌 일반 4년제 대학에 가기로 결심했다. 예체능도 아무나 하는 것이 아니다. 재능이 없다면 노력이라도 해야 한다. 엉덩이를 의자에 꽉 붙이고 손발이 저릴 때까지 그리고 또 그려야 한다. 화실에서도 대충대충 시간을 보낸 나는, 전공 선택인 동양화는 높은 평가를 받았지만 입시 필수 과목인 데생 실력은 전혀 좋아지지 않았다. 앉는 위치에 따라 명암이 뚜렷이 달라지는 석고상의 특징을 잘 잡아내지 못했다. 데생과 사투를 벌이기보다 인문계 공부가 더 쉬울 것 같았다. 미련 없이 고3 첫날에 화실을 그만두었다. 예나 지금이나 나는 인생에서 중요한 결정을 내릴 때 시간을 들여 심사숙고하는 타입이 아니다. 망설이고 생각이 길어지면 하기 싫다는 뜻이다. 정말 하고 싶은 일은 생각하기 전입에서 벌써 "할게요"라는 말이 나와 있다.

외국어 능력자가 되고 싶어 선택한 일본어

지금 생각하면 운이 좋았다. 고맙게도 서울대 법대에 진학한 내 짝꿍이 엄한 과외 선생 역할을 해주었기 때문이다. 과외와 학원 없이 혼자 공부해 늘 모의고사 전국 10등 안에 드는 아이였다. 공부에는 시간 투자 이상으로 방법이 중요함을 그때 처음 알았다. 그 친구는 내 노트를 자주 확인했고 과목별로 필기 방법과 복습 방법을 알려줬다. 노트를 잘 활용하면 암기가 절로 된다는 사실도 처음 알았다. 투자한 시간에 비해 효과는 엄청났다. 담임의 배려로 그 친구는 1년 내내 내 옆자리에 앉았다. 덕분에 큰 어려움 없이 전남대학교 일어일문학과에 진학했다.

학과 선택 이유는 간단했다. 일단 외국어 능력자가 되어 졸업하고 싶었다. 별다른 노력 없이 쉽게 배울 만한 언어가 무엇인지 주변에 물었더니 대부분이 일문과를 추천했다. 나중에 알게 되었지만 주변 어른들이 일문과를 추천한 데는 다 이유가 있었다.

내가 대학에 입학한 1987년, 일본 경제력은 세계 정점을 찍었다. 미국 미디어가 일본 자본의 미국 진출을 제2차 세계대전 진주만 공격에 비유할 정도였다. 어른들은 일어를 공부하면 취직이 잘되리라는 막연한 기대를 품었다. 1980년대 지방에 사는 모범적인 여대생에게 바람직한 삶이란, 안정된 직장에서 월급을 받으며 일하다가 좋은 사람(경제적 능력이 있는 사람) 만나 시집을 가는 것이었다. 일본의 식민지 지배라는 역사적 기억은 일본의 경제적 지배가 만들어내는 이익을 이기지 못했다. 그래서 일문과 인기가 나쁘지 않았다.

당시엔 그 누구도 내가 연구자가 되리라곤 상상조차 안 했다. 지금도 고등학교와 대학 동창들은 믿지 못한다. 대학 성적과 사회적 효용이 뛰어난 어학 능력은 별개다. 그나마 대학 성적은 장학금을 계속 받을 정도로 상위권을 유지했다. 경제권을 쥐고 있던 어머니가 장학금을 받으면 반액은 주겠다고 약속했고 나는 실행에 옮겼다. 시험 직전에 열심히 암기하면 일본 고전 문법, 일본 고전 한문 강독, 고전문학 독해, NHK 뉴스 청해, 초급/중급/고급 회화 뭐든 정답을 맞혔다. 당시 제2 외국어 교육은 요즘 유행하는 깊은 사고를 통한 크리에이티브 라이팅 기술 높이기를 목표로 삼지 않았다.

관광 통역사 시험을 준비하는 친구들은 방학이면 서울로 올라가 학원에 다녔다. 회화와 작문은 대학이 아닌 서울에서 배워야 한다고 여겼다. 나도 3, 4학년 여름방학 한 달 동안 서울에서 학원을 다녔다. 서울 학원에서 자연스러운 일본어 일상 회화를 체험할 기회가 절대적으로 부족한 광주 현실을 절감했다.

전남대를 졸업하고 경희대학교 일어일문학과 대학원에 진학했다. 대학원에서 만난 학생들이 일본 텔레비전 드라마와 예능 프로그램 녹화를 몇 번이고 되풀이하며 회화 연습을 한다는 사실에 깜짝 놀랐다. 학과 사무실에는 『시티헌터』나 『슬램덩크』 등 일본에서 유행하던 만화들이 그득했다. 규슈와 아키타 지역 시민단체 또는 대학과 교류하면서 홈스테이 프로그램을 체험하는 한편 일본인들을 서울에 초청해 홈스테이를 시켰다. 그들에게 일본은 먼 곳이 아니었다. 학교 성적과 관계없이 일어 회화를 무척 잘하는 학생이 넘치고 넘쳤다. 일본 문화를 즐겼고 자연스레 몸에 스며든 느낌이었다.

교수들은 일본 대학에서 박사 과정을 수료한 분들이

었고 잘한다 못한다는 말을 감히 할 수 없을 만큼 능숙하게 회화를 구사했다. 일본인 교수가 전임으로 있는 것도 신기했다. 대학원 수업은 당연히 일본어로 이루어졌다. 일부 과목은 교수와 일대일 수업이라 내가 발표를 안 하면 수업이 진행되지 않아 매시간 발표를 준비해야 했다. 없는 실력이 하루아침에 생길 리가 없다. 학과 조교인 나보다 학부 학생들 일어 실력이 더 뛰어났기에 오히려 내가 많이 묻고 배워야 했다. 일본어로 써야 하는 석사 논문은 일어 능력이 뛰어난 동료 조교가 학과 사무실에서 밤샘 작업을 하며 도와주었다. 학교 기숙사에 살던 일본인 교수님이 걱정되는지 한밤중에 야식을 들고 나타나곤 했다.

광주에서 대학을 다닐 때는 대한민국은 일본 문화가 금지된 탓에 일어 공부하기 어렵다고 굳게 믿었다. 교과서는 저작권을 무시한 채 복사, 제본해 보는 것이 기본이었다. 의욕적인 젊은 교수님이 일본어사 교과서를 일본에 주문했는데 세관을 통과하는 시간만 석 달 이상 걸렸다. 광주까지 자발적으로 오는 원어민 선생은 없었다. 일본인 교수님은 국제교류기금에서 파견한 박사 과정 학생으로 임기는 2년이었고 외국어 교육 전문가가 아니었다. 밖에서 우연히 만나는 일본인은 학교 근처에서 집단으로 거주하던 통일교 일본인 남성 교인들이었다. 그들은 한국 여성과 결혼하고 첫 1년은 단체로 사는 듯했다.

일본어 학습용 카세트테이프조차 구하기 어려웠다. 광주 번화가인 충장로에 딱 한 곳, 일본에서 밀수한 레코드를 파는 가게가 있었다. 거기에 가도 음반 종류는 많지 않아서 안전지대, 이쓰와 마유미의 〈연인이여!〉, 나가부치 쓰요시의 〈건배〉와 〈잠자리〉 등이 전부였다. 명색이 일문과인데 재학 중에 일본 여행을 경험한 동기는 오직 한 명이었다. 그도 나중에 알고 보니 통일교가 싼값으로 제공한 여행이라 다녀온 뒤 곤욕을 치렀다. 후배들이 1988년 여행 자유화 이후 일본 연수 기회를 어떻게 가졌는지는 잘 모르겠다.

교환학생으로 왔다가 대학원생이 되기까지

서울은 광주에서 고속버스로 네 시간 거리, 가깝다면 가까운 곳인데 문화 격차, 생활수준 격차는 엄청났다. 서울에서는 일본어 아르바이트를 할 기회가 무척 많았다. 특히 삼성에서 일본어 열풍이 불었던 것 같다. 삼성은 1993년부터 조기 출퇴근제를 시행했는데, 그 영향으로 일감이 부쩍 늘었다. 기업 일본어 강사 파견을 전문으로 하는 회사와 일을 시작했다. 경희대 수원 캠퍼스 일문과 조교를 하면서 아침 일찍 일어나 신촌 삼성생명에 가서 일본어 강의를 했다. 당시 삼성 직원들은 일찍 출근해서 업무 시작 전에 일과 전혀 관계없는 보험 담당 직원들까지 강의를 들었다. 또 한동안은 출근했다가 점심시간에 학교 근처 신갈 삼성반도체에 가서 강의를 했다. 정확히 말하면 반도체 부지에서 건설 업무를 담당하는 삼성건설 직원들에게 일본어를 가르쳤다. 이들에게 왜 일본어가 필요한지 강사인 나도 배우는 학생들도 잘 몰랐다.

특별한 목표가 없으니 강의 교재를 맘대로 만들 수 있었다. 유행하는 노래와 드라마를 적극 도입했다. 당시 젊은 직원들은 일본어에 관심은 없어도 일본 문화에는 관심이 많았기에 강의 시간은 활기가 넘쳤다. 내 강의는 노래방 레퍼토리를 확보하는 시간인 듯했다. 학생들 지지에 힘입어 강의 계약이 순조롭게 연장되었다. 하지만 강의를 하면서 일본 유학 경험이 1년이라도 있는 강사와 유학 경험이 전혀 없는 나 사이에 강사료 차이가 크다는 사실을 알게 되었다. 강의는 하면 할수록 재미있었다. 이 길로 계속 나가기 위해서는 유학 경험이 필요했다.

마침 1993년 가을, 석사 논문을 쓰면서 진로 고민을 할 무렵이었다. 어느 날 니혼대학에 파견하는 교환학생으로 나를 추천하겠다는 지도 교수님의 전화를 받았다. 부모님과 의논도 하지 않고 무조건 가겠다고 대답했다. 니혼대학 경영이 상당히 순조롭던 시기여서 집세와 공공요금, 전화비까지 모두 포함해 4만 엔만 부담하면 학교 근처 독신용 고급 맨션이 제공되었다. 가구와 가전이 모두 갖추어져 있었고 계절이 바뀔 때마다 이불도 새로 바꾸어줬다. 선배들로부터 조건이 매우 좋다는 얘기는 이미 들었기에 1년 동안 즐겁게 지낼 꿈에 부풀어 도쿄에 도착했다.

지도 교수는 가사하라 노부오 선생님이었다. 인사를 드리러 간 첫날, 대학원에 진학할 생각이 있냐고 물었다. 나는 "하이!"라고 씩 웃으며 힘차게 대답했다. 사실 그때 선생님의 질문을 잘 이해하지 못했다.

나는 운명의 장난을 믿는 편이다. 경희대에서 일본어와 많이 친해졌지만 아직 인터넷 세상이 아니었다. 유튜브가 있지도 않았다. 일본어 듣기 실력은 턱없이 부족했다. 도쿄에 와서 반년 동안 테이크아웃을 뜻하는 '모치카에리(もちかえり)'조차 알아듣지 못했다. 그 정도 실력이었다.

잘 모를 땐 그냥 웃으면서 "하이"라고 대답했다.

가사하라 선생님은 학생들에게 대학원 진학을 권유하는 분이 아니었고 특히 유학생들에게 대학원 시험 이야기를 꺼내는 분이 결코 아니었다. 그것을 나중에 알았다. 니혼대학 국문학과는 유학생의 박사 과정 진학을 반기는 곳이 아니라는 사실도 한참 후에 알았다. 가사하라 선생님은 처음 보는 유학생에게, 더구나 일본어를 잘 알아듣지 못하는 유학생에게 왜 진학할 예정이냐고 물었을까? 오랫동안 궁금해서 선생님께 직접 물어보기도 했는데, 정작 본인은 기억을 못 하는 것 같았다.

아무튼 이러한 우연이 겹쳐 나는 놀고먹는 유학생이 아니라 1년 안에 대학원 진학을 목표로 공부해야 하는 유학생이 되고 말았다. 물론 모른 척 대충 수업에 참가하고 놀러 다녀도 누구 하나 뭐라 할 사람은 없었다. 그런데 공포자(공부 포기자)였던 10대 시절엔 생각지 못한 학구열이 솟았다. 다만 어디서부터 시작해야 할지 모를 만큼 모르는 게 너무 많았다. 문제는 언어만이 아니었다. 대학원생에게 걸맞은 교양이 없었다. 보통 일본 문학이 좋아서 어릴 때부터 일본 문학을 많이 읽고 공부한 학생들이 대학원에 진학했다. 대학 졸업 후 취업하는 학생들로부터 별종 취급을 받는 아이들의 집합체였다. 10대에 독서를 거의 하지 않아 기초 교양도 제대로 쌓지 못한 나의 시련은 그렇게 시작되었다.

가사하라 선생님이 다른 선생님들께도 대학원 입학시험을 볼 학생이라고 말해둔 탓에 나는 항상 앞에 앉으라고 지시받았고 학습 상황을 자주 확인받았다. 대학원 수업에서 만난 일본인 학생들을 붙잡고 되는대로 물으며 공부라는 걸 시작했다. 20대 후반이 되어 처음으로 공부를 해보자고 마음먹었다.

대학 입시가 끝난 지 8년, 1994년에 나는 다시 한번 입시생이 되었다. 일본인 대부분이 한국에 관심이 없고 정보가 없던 시절이었다. 특히 외국인 연구자를 무조건 자신보다 한 수 아래라고 생각하는 국문학(일본 문학) 연구자들은 내 학력과 경력에 무관심했다. 거꾸로 말해 어떤 '편견'조차 갖지 않았다. 단지 내가 만든 결과(논문)로 나를 평가했다. 때론 무관심, 무지, 무시가 새로운 인생을 꿈꾸는 이들에게 좋은 기회가 되기도 한다. 이것이 나의 출발점이다.

🌸 처음 가본 일본

나의 첫 일본행은 1992년 연말이었다. 당시 경희대 일문과는 규슈 사가현에 있는 NPO법인 지구시민회(地球市民の会)가 주최한 까치까마귀계획(かちがらす計画)에 학생들을 참가시켰다. 이 단체는 한국 대학생들이 연말연시를 사가현 일반 가정에서 보내면서 일본 설날을 체험하도록 도왔다. 일문과 조교였던 나는 학부 학생들을 이끌고 참여했고 1993년 새해를 사가현에서 맞이했다.

내가 배정받은 곳은 친제이초라는 어촌 마을이었다. 어린아이가 둘 있는 30대 부부 집에서 홈스테이를 했다. 비교적 넓은 단독주택으로 건너편에는 바로 현해탄

이 펼쳐져 2층 내 방 창문에서 다이빙이 가능하겠다 싶을 정도였다. 호스트 가족은 외출할 때 문을 잠그지 않았다. 다른 집들도 비슷했다. 외출했다가 돌아오면 정원에 면한 방에서 이웃들이 차를 마시면서 주인을 기다리는 경우도 있었다. 또 마치 자기 집인 것처럼 냉장고에서 음식을 꺼내 식사 준비를 같이 하다가 자연스럽게 연회가 시작되기도 했다. 처음에는 가까운 친척끼리 모여 사는 마을에 온 걸로 착각했다.

훗날 도쿄에 살면서 지인들에게 이 이야기를 했더니 대다수가 근세의 '5인조' 잔영이 아니냐며 답답해서 그런 생활은 절대 못 한다고 말했다. 그런 생활이 싫어 도쿄로 탈출했다는 사람도 있었다. 5인조란, 에도시대 농민을 통제하기 위해 5개 가구를 묶어 상호 감시하거나 연대 책임을 지우던 제도다. 5인조 같아서 싫다는 내 지인의 해석은 친숙함과 과도한 관심이 간섭을 낳고 그 간섭이 서로를 옭아맨다는 뜻일 게다. 잠시 머물렀던 외국인인 나로선 상상할 수 없는 발상이었다.

근처에는 도요토미 히데요시가 조선 침략을 준비하려고 만든 나고야 성터가 있었다. 원래 약 17헥타르 크기로 오사카성에 버금가는 규모였다고 한다. 이 성의 번성기는 1592년 임진왜란이 시작된 해부터 히데요시가 사망할 때까지 겨우 7년 정도. 오롯이 임진왜란을 위해 존재했던 성인 셈이다.

맑은 날이면 현해탄 너머로 한반도가 보였다. 높은 언덕 위에서 내려다본 현해탄은 내가 일본에 살기 시작한 후 찾은 오키나와, 시코쿠, 홋카이도의 바다와는 다른 느낌이었다. 조금 거세다고나 할까. 날씨가 안 좋을 때는 아무리 조선이 가깝다고 해도 여기서 정말 배를 띄우고 싶었을까, 라는 생각이 들었다. 임진왜란 당시 침략 거점이던 이곳 풍광은 위에서 한반도를 내려다보는 형세였다. 도요토미 히데요시는 과연 이곳에 서서 대륙을 품는 상상을 했을까.

드라마가 만들어낸 도요토미 히데요시

마침 1992년은 임진왜란 400년이 되는 해였다. 우리를 초대해준 시민 모임은 한일 간 역사의식을 확인하는 이벤트를 준비했다. 불편했을 주제인데 시민 모임을 운영하는 핵심 멤버들은 시간을 들여 꼼꼼히 사전 준비를 하고 우리를 맞이했다. 양국 젊은이들은 임진왜란을 둘러싼 역사의식 차이에 관해 집중 토론을 했다.

나와 일상을 공유하던 나고야 성터 주변 주민들도 도요토미 히데요시가 조선을 침략했다는 사실은 알고 있었다. 그러나 '한반도에서 무슨 짓을 했을까?' 이런 상상은 하지 않는 것 같았다. 그들에게 도요토미 히데요시는 영웅도 멋진 무사도 아니었다. 어떻게 출세했는지, 여성 문제가 얼마나 복잡했는지 그와 관련된 온갖 스캔들을 들려줬다.

나중에 도쿄살이를 하면서 이때 들은 이야기들이 대중소설이나 드라마가 만들어낸 고정관념임을 알았다. 역대 도요토미 히데요시 역할을 맡은 배우들을 보면 이케멘(イケメン 잘생긴 남성을 뜻함)과는 거리가 먼, 이른바 '성격파 배우'들이었다. 도요토미 히데요시는 광기 어린 연기에 능한 배우를 위한 역할로, 한 미디어 조사에 따르면 역대 도요토미 히데요시 배역 랭킹 1위를 차지한 배우는 다케나카 나오토다. 반면 잘생긴 배우들이 욕심내는 배역은 오다 노부나가다.

도요토미 히데요시의 조선 침략을 잔혹하게 묘사하거나 상세히 그린 일본 드라마나 영화는 없다고 들었다. 대부분은 이순신이 누군지도 몰랐다. 악의적인 망각이 결코 아니다. 손쉽게 얻을 수 있는 정보가 아니라서다.

이러한 정보 차이가 인식의 간극을 낳고 과거사를 둘러싼 장애가 된다.

나고야성과 관련된 도요토미 히데요시 전설 중 '황금 다실'이 가장 기억에 남았다. 모든 것이 황금으로 만들어진 황금 다실을 조립해 사용했다. 도요토미 히데요시는 교토 황거에서 열리는 차 모임이나 오사카성에서 부하 장군들과 대면할 때 사용하다가 이후 나고야성으로 가져왔다. 조선 침략을 준비하는 나고야성으로 무기를 운반하기도 벅찼을 텐데 어마어마하게 큰 황금 다실을 갖고 와서 엄격한 격식에 맞춰 차 문화를 즐길 여유까지 챙겼다니 믿기지 않았다.

일본에서는 보통 좋은 집안 출신의 학생들이 남녀를 불문하고 어릴 때부터 다도나 꽃꽂이를 정식으로 배운다. 다도나 꽃꽂이는 집안의 오랜 전통을 몸으로 체득하는 수단이다. 즉 황금 다실은 도요토미 히데요시의 권력과 재력을 상징한다. 혹시 궁금하다면 사가현립나고야성박물관에서 황금 다실(재현)을 볼 수 있다.

나고야 성터는 최고의 산책 코스였다. 처음에는 호스트 가족의 차로 갔지만 주변 길을 얼추 파악한 후에는 아침 일찍 일어나 어촌 마을 풍경을 즐기면서 성터 근처까지 천천히 산책하곤 했다. 관광객은 거의 오지 않았다. 너무 시골이라 이 지역 출신 연예인들은 자기 소개란에 이 지역명을 표기하지 않는다고 말할 정도였다. 주민들은 가까운 거리도 자기 차로 이동했고, 성인 수만큼 차를 보유한 집도 많았다. 걸어 다니는 사람이 거의 없었다. 버스는 한 시간에 한 대씩 다녔고 택시는 전화로 불러야 했다.

나는 소문난 길치다. 요즘은 스마트폰 지도 덕분에 사람들에게 길을 물어볼 필요가 없지만, 1990년대 초 일본 시골 마을에서 길을 잃으면 방법은 딱 하나. 아무 집이나 일단 초인종을 누르고 본다. 가장 곤란했던 것은 미아가 되더라도 주변에 집과 바다, 배밖에 없으니 상대도 설명이 어렵고 나도 방향 잡기가 힘들다는 점이었다. 지표가 될 만한 구멍가게조차 없었다. 어떤 분은 설명을 포기하고 호스트 집까지 데려다주기도 했다.

시골 마을에 처음 온 외국인

규슈 어촌 마을에서 맞이한 설날은 지금도 잊히지 않는다. 외국인이 마을에 왔다는 소문은 금방 돌았다. 그분들에게 나는 일본이 식민지 지배를 했던 나라에서 온

'한국인'이 아닌 그냥 '외국인'이었다. 평생에 가장 큰 환대를 받았다. 믿어지지 않았지만 내가 그 마을에 나타난 첫 외국인 방문자라고 했다. 짐작건대 고대와 근대사를 더듬어보면 이곳을 스쳐 간 이방인이 많겠지만 전후에는 크게 기억에 남을 만한 외국인과의 교섭은 없었던 모양이다.

홈스테이 중에 마을 사람은 거의 다 만난 것 같다. 집 앞에 조그만 어선들이 즐비한 항구가 있었는데 아침 일찍 고기를 잡고 돌아온 어부 아저씨들이 나를 먹이라면서 갓 잡은 생선을 양동이에 한가득 담아주곤 했다. 밥 때가 되면 반찬을 한두 가지 챙겨오는 분이 끊이지 않았고, 이 집 저 집에서 식사 초대를 받았다. 집마다 설음식이 그득했는데 특히 신선한 해산물이 넘쳐 해산물 샤부샤부를 마음껏 먹었다. 태어나 처음 먹어본 일본의 설음식은 한국에서 먹던 맛과 비슷했다.

또 여기서 만난 분들이 데려다준 맛집들, 특히 소바, 우동, 라면 가게의 국물은 장맛이 진하지 않았고 하나같이 일품이었다. 도쿄에서는 맛볼 수 없는 세계다. 나는 도쿄 스타일의 간장을 듬뿍 투척한 소바와 우동 국물이 싫다. 도쿄 토박이들도 도쿄 전통 음식은 진한 간장 때문에 맛이 별로라는 말을 할 정도다.

홈스테이 기간 특별한 체험을 아주 많이 했다. 문제는 더없이 친절한 분들이 거칠고 강한 사투리를 사용한다는 점이었다. 나를 위해 '도쿄말'을 쓰려고 무진장 노력하다가도 연회가 시작되고 흥이 나면 말이 빨라지고 사투리가 오가기 일쑤였다. 그들은 내 말을 대충 이해했지만, 나는 거의 알아듣지 못하니 몸동작이 점점 커졌다. 의사소통을 하려는 열의가 있다면 보디랭귀지로도 충분하다는 사실을 이때 배웠다.

호스트 가족과의 인연은 계속 이어졌다. 얼마 있다 내가 니혼대학 교환학생으로 오자 도쿄에 친척이 생긴 것 같다며 무척 좋아했다. 이번엔 자신들이 도쿄로 놀러 오겠다고 했는데 결국 그 약속은 실현되지 못했다. 유치원생이던 아이가 큰 교통사고를 당해 오랜 병원 생활을 해야 했기 때문이다. 나는 유학 생활에 쫓기었고 그러다 서로 이사를 하면서 연락이 끊겼다. 도쿄에서 보낸 시간은 이런 소중한 사람들과 만나고 헤어짐의 연속이었던 것 같다. 기억 속 따뜻한 인연들과 꼭 다시 한번 만나고 싶다.

🌸 일본어 적응 지도원

대학원 석사 2년 차부터 10년 동안 아르바이트로 도쿄 신주쿠구와 세타가야구 초중등학교에서 일본어 적응 지도원을 했다. 현재는 일본어 서포트 지도원으로 이름이 바뀐 듯하다. 업무 내용은 외국에서 전학 온 공립학교 아동들에게 그들의 모어로 일본어를 지도하거나 학교생활에 잘 적응하도록 돕는 일이다. 학교장이 교육위원회에 지원 요청을 하면 교육위원회는 외부 업자에게 교사 파견을 위탁하거나 직접 지도원을 고용해 파견한다. 나는 두 개 회사에 소속되어 활동했다.

여러 학교를 동시에 담당했는데 특히 여름방학과 겨

울방학에 초등학교로부터 특별 수업 요청이 많았다. 방학 동안 학교 수업에 따라갈 수 있도록 공부를 시켜주기를 원했다. 내가 담당하던 아동들은 한국에서 막 전학 온 일본어를 거의 하지 못하는 아이들이었다. 한국어 원어민이라는 공통점이 있었지만 아이들이 처한 환경은 천차만별이었다.

도쿄로 전학 온 한국 아이들

한국에서 나고 자랐다고 하면 모두 한국인이리라 생각하는데 꼭 그렇지는 않다. 국적과 민족을 기준으로 경계 짓는 사회 통념과 맞지 않는 아이들이 꽤 많았다. 예컨대 부모 모두가 일본인인데 서울에서 태어나 한국어로만 교육을 받고 초등학교 1학년과 3학년 때 전학 온 형제. 성은 일본인인데 이름은 한자명이 없는 한글이었다. 사정을 모르는 사람들은 부모가 모두 일본인이라곤 전혀 예상하지 못 했을 것이다. 일본인과 한국인 사이에서 태어나 한국 지방 도시에서 한국어만 배운 아이. 한국 어머니가 일본인과 재혼해 도쿄에 와야 했던 아이도 기억에 남는다. 생물학적 아버지는 한국인이고 원래 국적은 한국이지만 내가 담당할 당시 국적은 일본이었고 이름도 일본 이름으로 개명한 상태였다.

이 아이들은 이주 노동자들이 많이 살던 신주쿠에서 일본 생활을 시작했고 수업과 학동클럽(学童クラブ 부모가 근로 증명을 하면 학교에서 방과 후 교육을 해준다)이 끝나면 집에 돌아가 부모님 귀가를 기다려야 했다. 부모님 귀가는 매우 늦었고 학원을 다닐 형편도 아니었다. 돌봐줄 이웃이나 친척이 있지도 않았다. 아직 또래 친구를 사귀지 못한 상황에서 형제가 없는 아이는 저녁때까지 대부분 혼자 시간을 보냈다. 텔레비전을 틀어도 모르는 언어가 나왔고 비싼 게임기는 꿈도 못 꾸었다. 당연히 학습 속도는 무척 더뎠다.

부모 직업과 경제 능력은 아이들 학교생활 적응에 절대적 영향을 미친다. 같은 신주쿠구라도 한국 학교가 있는 아케보노바시역이나 와카마쓰가와다역 근처 초중등학교에 다니는 아이들은 부모가 대기업 주재원이 많았다. 도쿄는 영어 교육을 해주는 인터내셔널 스쿨이 부족했기에 그쪽으로 전학시킬 기회를 노리면서 공립학교를 보내는 분들도 있었다. 또 지금 사정은 잘 모르지만 재외국민특별전형으로 대학을 보내려고 어머니와 같이 조기유학을 온 학생들도 있었다. 중고등학교를 도쿄에서 다니면 명문대 진학에 유리한 모양이었다. 어머니가 일본어 학교 유학 비자를 받아 지내며 자녀 교육을 위해 투자를 아끼지 않았다. 한국 학교 근처는 한국식 교육이 가능한 학원들이 여럿 있었다. 이 아이들은 학교에서는 일본어 교육을 받았고 방과 후에는 한국 초중학생과 마찬가지로 학원에서 긴 시간을 보냈다. 그분들은 누가 자기 아이들에게 일본어 지도를 하는지 만나보기를 원했고 교육 내용을 자주 상세히 확인했다. 대부분 일본어 과외를 희망했다.

기초 한자 습득에도 시간이 걸리는 노동 이민자의 아이들과 도쿄 도착 즉시 자녀 교육을 위해 정보 수집에 열을 올리고 개인 과외 선생을 바로 붙여주는 부모를 가진 아이들 간 학습 달성도는 확연한 차이를 보였다.

어릴수록 완벽한 이중언어 구사자가 될 수 있다고 믿는 이들이 많다. 원어민에 가까운 발음과 억양, 자연스러운 표현을 사용하는 게 최고라는 생각 때문일까. 나도 처음 이 일을 시작했을 때는 비슷한 생각을 했다. 당시 일본에 온 지 3년밖에 지나지 않았던 나는 서툰 일본어 때문에 기분 상하는 경험을 자주 했고, 일상에서 겪는 차별을 전부 언어 탓이라 여겼다. 그래서 내가 담당하는 아이들, 특히 노동 이민자의 아이들이 좀 더 쉽고 빠르게 자연스러운 일본어를 구사할 방법은 무엇이 있을까, 그것을 찾는 데 열중했다.

이를테면 초기 일본어 교육 단계에서는 놀이를 적극 활용했다. 일본에는 기초 문자나 단어 학습에 놀이 방식을 도입한 카드나 교재가 풍부했다. 또 한자 교육에 신경을 많이 썼다. 학교 수업을 따라가려면 기초 한자는 꼭 습득해야 했다. 한자를 모르면 저학년 교과서조차 이해할 수 없었다. 일본인 아동도 초등학교에 입학하자마자 한자 쓰기와 읽기 교육을 중점적으로 받는다. 한국어 한자 읽기는 음독 중심으로 단순하고 예외가 거의 없지만, 일본어는 음독과 훈독을 모두 알아야 한다. 학습은 주로 문장 활용을 통해 이루어지므로 교재는 쓰기, 읽기, 문장 확인 방식으로 구성된다.

한국은 어디에 있나요?

일본어 지도 교사를 하던 시기는 나의 일본어 실력이 부쩍 늘던 시기이기도 했다. 표면적인 대화 내용이 아닌 그 이면에 감춰진 문맥에 관한 이해가 깊어질수록 슬프고 화나는 일도 잦았다. 일본어는 경어체가 발달했는

① 쓰는 법과 읽는 법 익히기

② 간단한 문장으로 테스트

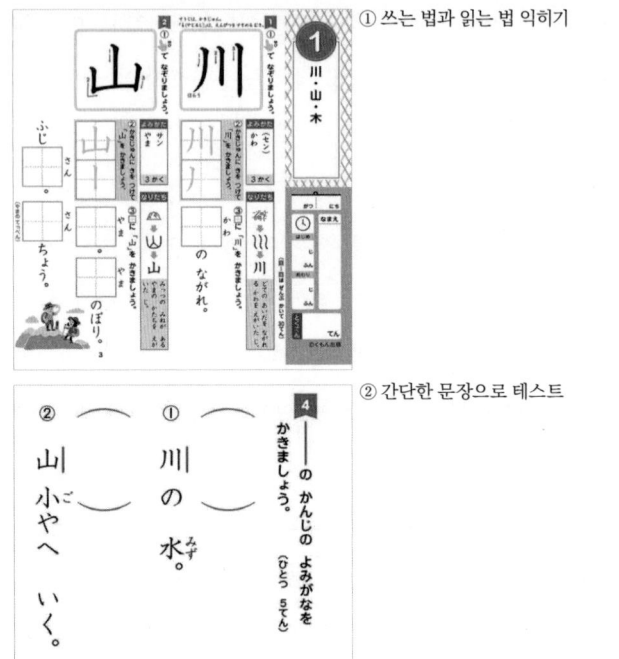

초등학교 1학년 수준의 구몬식 한자 드릴과 놀이를 통해 배우는 히라가나 단어 카드.
일본에선 쓰기와 읽기로 한자를 익힌 후 간단한 문장으로 확인한다.

데 상대방의 일본어가 서툴다는 인상을 받으면 말 속도를 늦추며 반말을 했다. 외국어로 일본어를 배울 때 '데스·마스(です ます 입니다)'로 끝나는 정중한 표현을 먼저 배운다는 사실을 모르는 탓이었다. '쉬운 일본어'가 곧 '친절한 일본어'라고 착각하는 일본인이 많았다. 그러나 듣는 입장에서는 나를 아이 취급하는 것 같아 불쾌했다.

가만히 보니 자신보다 지위가 아래인 사람과 노인, 어린이, 외국인에게 반말을 사용했다. 반말해도 되는 상대에게는 서슴없이 하대했다. 또 아시아계 외국인에 대한 대우는 미국이나 유럽에서 왔다고 여겨지는 '백인'과 달랐다. 아시아계 외국인은 어리숙하고 뭘 잘 모른다고 생각하는 일본인이 적지 않았다. 예컨대 대형 가전제품 판매처에서 일하는 판매원으로부터 일본에는 교환 제도가 없다는 말을 듣기도 했다. 교환해주려면 귀찮으니 그냥 가라는 뜻이었다.

도쿄에 도착한 첫날, 나를 마중 나온 학교 국제과 직원은 밤에 절대 가서는 안 되는 장소로 가부키초를 꼽았다. 유흥가, 야쿠자 그리고 한국인 거리(쇼쿠안도리, 신오쿠보 등)가 가까이 있기 때문이었다. 한국이라는 이미지는 건전함과 거리가 멀었다. 지금은 K문화 붐이 거세게 일어 한국학과가 없는 우리 대학에도 내게 한국어로 말을 거는 학생이 부쩍 늘었다. 고등학교 시절부터 한국 영화나 드라마, 노래를 들으며 독학으로 한국어 공부를 했다면서 말이다. 한국 문화나 음식의 위상이 올라가 김치 냄새, 마늘 냄새를 이유로 한국 식문화를 폄하하는 젊은이들은 거의 없다.

그러나 내가 유학 온 1990년대는 아직 〈겨울연가〉나 한국 영화 붐이 일기 전이었다. 외국인 장기 거주자도 지금처럼 많지 않았다. 일본인들은 당연히 일본인이리라고 여겼던 사람 입에서 갑자기 외국어 억양의 일본어가 나오면 묘한 표정을 지었다. 또 한국에서 왔다고 하면 문화적으로 뒤떨어진 곳에서 왔다는 인식이 강했다. 케이크는 먹어봤느냐, 크루아상은 먹어봤느냐, 이탈리아 요리는 먹어봤느냐 등 상상을 초월한 질문이 이어지기도 했다. 1988년 올림픽 전에 한국을 방문한 사람들은 화장실에 대한 불쾌한 기억이 강렬했고 식문화가 다양하지 않으며 위생적이지 않다는 인상을 지우지 못했다. 한국에 친근감을 느끼는 사람들이라 악의는 없었다. 그들의 무지를 탓하기도 힘들었다. 다만 한국에 관한 정보가 너무나 부족했다. 일본에서 한국은 완전히 관심 밖 세상이었다.

한국에서는 여러 미디어가 일본과 한국을 비교하면서 일본의 단점을 꼬집어 조금이라도 한국의 우위를 드러내는 기사를 쓰거나 비슷한 어조로 집필한 책들이 주목받았지만, 일본에서는 한국이 비교 대상조차 되지 않았다. 그냥 한국은 관심 밖이었다. 내가 교류 프로그램으로 방문했던 규슈의 한 고등학교에서는 "한국이 어디에 있나요?"라고 묻는 학생도 있었다. 88 올림픽이 서울에서 개최된 사실은 알아도 서울이 한국에 있는 도시임을 모르는 학생도 적지 않았다. 한국과 지리적으로 가까운 지역에 사는 고등학생이 그러한데 도쿄는 말할 것도 없었다. 오히려 한국에 과잉 반응을 보이는 우익들의 관심이 차라리 기특하게 느껴질 정도였다.

초등학교와 중학교 교실은 이러한 사회 분위기가 압축된 장소다. 초등학교 1학년 아이도 언어로 소통이 안 되는 상황에 놓이면 신경이 예민해지고 주변을 자세히 관찰한다. 그리고 자신의 위치를 재빠르게 파악한다. 일본어 적응 지도원 경험이 쌓이면서 알게 된 것은 아이가 교실에서 전혀 이해가 안 되는 언어에 둘러싸여 느끼는 고독이 아이 마음에 깊은 상처를 만든다는 사실이었다. 담당 아동과는 공식적으로 50시간을 공유했다. 지금은 잘 모르겠지만 당시에는 파견 학교장이 요청하면 연장이 가능했다. 때문에 업무를 맡으면 반년 동안 일주일에 세 번, 두 시간씩 지원을 나갔다. 아이들의 적응 과정을 가까이에서 관찰하기에 충분한 시간이었다.

일본어로 평화롭게 교섭하는 방법

일본어 지도 교사 일을 하면서 석사 과정과 박사 과정을 마쳤다. 그리고 대학에서 시간강사를 시작했다. 그사이 나는 일본어로 교육위원회 장학관, 교장, 교감, 담임교사와 평화롭게 교섭하며 내 의견을 관철하는 방법을 익혔다. 아무리 아이가 언어 능력자가 되어도 그 아이를 둘러싸는 환경 즉 담임교사와 반 친구들의 인식을 바꾸지 않으면 학교생활이 쉽지 않다. 그래서 외국인 아동에 익숙하지 않은 교사 상담도 하고 담당 아동과 담임교사의 소통을 돕는 역할도 했다. 소통이란 아이의 희망 사항을 담임교사에게 전달하고 실현해준다는 의미다.

가장 기억에 남는 아이는 반년 동안 급식을 같이 먹어주기를 원하던 아이였다. 전학 첫날 급식 경험이 강렬했던 모양이다. 자잘한 규칙에 익숙한 반 친구들이 일사불란하게 움직이는 모습을 보며 충격을 받았고, 자신이

어리바리하게 행동해서 우습게 보이지 않는지 또 다른 아이들이 자신만 쳐다보는 건 아닌지 무척 신경 썼다. 일본어 수업도 교실 밖 별실에서 받기를 원했다.

언어 습득력이 뛰어난 아이라 일본어 능력은 빠르게 향상해 얼마든지 의사소통이 가능한 상태가 되었는데도 교실에서는 벙어리로 지냈다. 다행히 담임교사가 외국어 아동 담당 경험이 많아서 그 아이에게 언어 사용을 강제하지 않았다. 나는 그 아이와 함께 교실에 들어가 그냥 조용히 옆에 앉아 있는 시간을 늘렸다. 덕분에 같은 반 친구들과도 꽤 친해졌다.

교감과 담임교사의 배려로 아이가 살았던 한국과 한국 문화를 이해하는 특별 수업을 몇 번인가 진행했다. 한국이 어디에 있는 나라인지부터 지도를 펴고 설명해야 하는 시절이었다. 수업을 진행할수록 점차 한국에 대해 질문하는 아이들이 늘었다. 그해 그 학년의 학예회는 한국이라는 주제로 꾸며졌다. 다 같이 한국 동시를 낭송했고 한국어 동요를 합창했다. 교실에서 이방인에게 둘러싸인 한국 아이에게 일본어와 일본 문화를 일방적으로 강요하지 않아야 한다는 게 당시 내 교육 방침이었다. 가는 곳마다 내가 세운 교육 방침을 실행하기 위해 교장,

교감, 담임교사와 숱한 대화를 나눠야 했다.

나의 성공 사례를 자랑하고자 이 이야기를 하는 건 아니다. 별실에서 100퍼센트 일본어로 수업이 가능한 수준에 도달했는데도 난 결국 그 아이가 교실에서 동급생들과 일본어로 대화를 나누는 모습을 보지 못하고 다른 학교로 배치되었다. 나중에 들으니 내가 떠난 뒤 조금 시간이 흐른 후에 그 아이는 동급생들과 조금씩 일본어로 대화하게 되었다고 한다. 이런 이야기를 하면 왜 전문가에게 심리 상담을 받게 하지 않았느냐고 말하는 사람도 있을 텐데 누가 그 아이와 대화를 할 수 있을까. 심리 상담 역시 일본어로 해야 하는데 그 누구와도 일본어로 말하기를 거부하는 아이 마음을 누가 과연 열 수 있을까. 통역을 하면 된다? 그게 그렇게 간단하고 쉽다면 얼마나 좋겠는가.

여러 아이와 인연을 맺으며 10여 년 초중등학교에서 일하는 동안 한국에서 오는 이주자가 점점 늘어났다. 2019년 4월 입국관리법 개정안 시행을 앞두고 미디어에서 갑자기 '이민' 관련 보도가 늘었다. 돌연 일본 사회가 이미 '이민 사회'라고 정의했다. 깜짝 놀랐다. 도쿄에서 산 지 25년째였지만, 나를 설명할 때 이민이라는 단어를 사용해본 적이 없었다. 이건 또 뭐지?

내가 담당하던 아이들은 초중등학교 시절부터 일본 사회에서 살아왔다. 그 아이들도 어느덧 30대나 40대가 되었을 텐데 자신의 정체성에 대해 어떤 생각을 품고 살아가는지, 어디에서 무엇을 하며 지내는지, 무사히 이 사회에 안착했는지……. 문득문득 궁금하다.

마늘 냄새와 한류

젊을 때는 고기를 무척 좋아했다. 고기 하면 바로 상추와 마늘을 떠올렸고 그 조합을 상상만 해도 군침이 돌았다. 한국에서 먹고 자란 음식에는 마늘이 많이 들어갔다. 특히 한국 대표 음식인 김치는 마늘 향이 맛을 좌우한다. 광주에서 살던 시절 추억은 마늘 향으로 가득하다.

식문화가 상당히 보수적인 전라도에서 나고 자란 나는 서양식 패스트푸드를 거의 접해보지 못했다. 당시 광주 중심가였던 충장로 궁전제과 햄버거가 내게는 유일한 서양식 패스트푸드였다. 기업 시점으로 보자면, 나는 시장성이 없는 곳에서 성장했다. 1988년 고등학교 동창을 만나러 간 서울에서 처음 맥도널드 햄버거, 켄터키 프라이드치킨 맛을 알았다. 고속도로 휴게소 내 롯데리아 햄버거와는 차원이 달랐다. 어쩌면 패스트푸드라면 미국 것이 최고고 일본에서 온 것은 그다음이라는 차별 의식 때문이었을지도 모르겠다. 단순히 나의 개인적 취향이 아닐 수도 있다. 자신이 속한 사회의 문화적 선입견이 맛의 서열을 만드니까.

올림픽을 앞둔 서울은 대한민국이라는 느낌이 들지 않았다. 당시 한국을 자주 다녔던 일본인들이 하는 말이 있다. "올림픽을 전후로 빵 맛이 달라졌다." 그들은 서울에서 먹는 빵이 얼마나 맛없고 볼품없었는지 회상하곤 했다. 그렇게 식문화가 격변하는 시기에 패스트푸드에 흠뻑 빠져 있던 친구와 사흘 동안 서울에서 온갖 세계적(?)인 패스트푸드를 체험했다. 서울은 올림픽으로 한국을 찾는 외국인들에게 그네들이 익숙한 간편식을 손쉽게 먹을 수 있는 서비스를 준비하는 듯했다. 그렇지만 내 입맛의 국경은 열리지 않았다. 1991년부터 2년 반 정도 서울에서 지내는 동안 당연히 주식은 한국 음식이었다. 마늘 향이 가득 밴 탕국과 신김치를 더없이 사랑했다. 한마디로 구수한 게 좋았다.

한국인 입주는 거절합니다

1994년, 도쿄에 도착해서 '구수한(한국 음식)'의 일본어 번역이 '구사이(くさい 썩은 냄새)'라는 착각이 들 정도로 한국 음식은 '구사이'의 대명사임을 금방 눈치챘다. 마늘 냄새에 어찌나 민감한지······. 다들 내놓고 말하지 않았지만 '생마늘 냄새' 특히 김치 냄새 혐오는 상당했다. 더운 날 창문을 열어놓고 김치찌개를 끓였더니 갑자기 신경질적으로 창문을 꽝 닫는 소리가 여기저기에서 들렸다. 더하면 집주인에게 항의가 들어갈 것이 분명했다. 계약이 해지되면 다시 집 찾기를 할 자신이 없었기에 냄새에 신경 써야 하는 음식을 만들지 않게 되었다. 그래도 가끔 생각나면 음식 냄새가 새지 않도록 상당히 주의해 요리했는데, 싫은 냄새는 더 민감하게 느껴지는지 역시 창문 닫는 소리로 항의하는 사람이 있었다.

교환학생으로 도쿄에 와서 첫 1년은 니혼대학이 제공해준 맨션에서 편하게 생활했다. 교환학생 기간이 만료되고 석사 입학이 결정된 이후, 나는 집 찾기를 시작했다. 당시에는 한국 유학생 대부분이 집 찾기에 어려움을 겪었다. 스스로 해결이 안 되었다. 내가 맨션을 비우지 않으면 곤란하므로 니혼대학 국제과 담당 직원이 니혼대학

소유 부동산을 관리하는 부동산 회사를 알려줬다. 당시 일본에서 가장 큰 예산 규모와 자산을 소유한 사립대학이던 니혼대학은 특별한 고객이었기에 부동산 회사 사장님이 직접 나와 응대했다. 그리고 본인 회사는 법인을 상대하니 개인 고객 전문인 거래처에 나를 소개해줬다.

소개받은 거래처 사장님을 만나 얘기해보니 재일 한국인이었다. 사업은 일본 이름을 내걸고 해서 사업 상대들은 자신이 재일 한국인인 걸 모른다고 했다. 재일 한국인이 본명으로 일본인과 사업하기에는 버거운 시절이었다. 어쨌든 업계에 잘 알려진 분이라 내 방 정도는 금방 찾을 거라고 자신했다. 그런데 그게 그리 쉬운 이야기가 아니었다. 다음 교환학생이 도쿄에 올 시간은 점점 가까워지건만 방은 구해지지 않았다. 이분 말로는 집주인이나 부동산 관리 회사가 한국인에게 집을 빌려주면 마늘 냄새가 집에 밸 염려와 집을 더럽게 쓴다는 이유로 꺼린다고 했다.

사실 식문화 혐오는 '조센징'에 대한 오랜 역사적 차별 의식이 결부되어 단순하지 않다. 또 한국이라는 '우리'보다 뒤떨어진 문화에서 온 사람들은 집을 더럽게 사용하고 위생 관념이 철저하지 않을 거란 편견이 자리 잡고 있다. 반면 '백인' 유학생들과 얘기해보면 이런 류의 차별은 겪지 않았다.

이탈리아 요리와 한국 요리 속 마늘은 다르다?

그때 한창 일본에서 이탈리아 요리가 인기였다. 우리 학교 근처 이탈리아 레스토랑의 런치 세트도 상당히 인기가 좋았다. 런치 메뉴에는 샐러드가 서비스로 제공되었고, 샐러드드레싱에는 다진 마늘이 들어갔다. 대학원 동기들이 냄새가 신경 쓰일 때 꼭 하는 말이 "이타메시(イタめし 직역하면 이탈리아 밥. 저렴한 이탈리아 요리를 칭하는데, 지금은 거의 사용하지 않는다) 먹고 왔어"였다. 이탈리아 요리에서 나는 마늘 냄새는 허용하는 분위기였다. 누구도 얼굴을 찡그리지 않았다.

이탈리아 요리는 유럽의 유서 깊은 문화적 상품으로 분류됐다. 이탈리아인 '남성' 셰프가 텔레비전에 나와 요리를 하거나 유명 레스토랑을 방문하는 프로그램에 등장하면 여성 예능인이 '갓코이(かっこいい 멋지다는 뜻)'를 연발하며 호들갑스럽게 반응하기 일쑤였다. 젠더 문제와 인종 문제까지 복잡하게 얽힌 문화적 붐이었다. 그 멋진 셰프가 다진 생마늘이 들어간 샐러드드레싱을 만들면

출연자들이 나눠 먹는데 '구사이'라고 반응하거나 싫은 표정을 짓는 이는 없었다. 강렬한 마늘 냄새가 진동할 터인데 이탈리아 요리와 같이 흡입하는 생마늘은 선진 문화로 받아들였다.

한국이 좋아서 당시 드물게 한국 관광을 다녀온 사람들도 한국 김포공항에 도착하면 마늘 냄새가 진동한다고 말하기 일쑤였다. 한국을 폄하하려는 의도는 없다. 그 마늘 냄새를 전혀 개의치 않고 한국 음식을 즐기고 온 분들의 발언이다. 정말 그냥 한국에 대한 감상일 뿐이었다. 어떤 분은 한국 출장을 다녀오면 사흘 정도는 냄새 때문에 가족들이 자신을 피한다고 했다.

이런 말들을 자꾸 듣다 보니 나물을 무칠 때도 마늘을 넣지 않았고 김치도 조심스러웠다. 특히 파김치는 8월 중순 오봉야스미(お盆休み 한국 추석에 해당하는 장기 연휴)와 연말연시 연휴에만 먹는 특식이었다. 가끔 도쿄살이가 피곤하고 서글퍼지면 '파김치를 왕창 먹고 교실에서 입김을 훅 불어버릴까……' 생각하곤 했다. 나에게는 최고의 스트레스 해소, 상상 속 폭탄 테러였다.

그런데 언제부터인가 저녁 식사 시간, 일명 골든타임에 텔레비전에서 기무치나베(김치찌개)를 맛나게 끓여주

는 양념(기무치나베노모토キムチ鍋の素) 광고가 나온다. 기무치나베는 최고의 건강식이고 미용식이란다. 격세지감이라는 단어는 이럴 때 쓰는 걸까.

내가 식문화 변화를 실감한 것은 도쿄 초등학교 교실에서였다. 2000년부터 초등학교에 '통합적 학습 시간'이라는 과목이 신설되었다. 나는 교사 파견 회사 소속 신분으로 시행 첫해부터 국제 이해 교육을 담당했다. 이 과목은 초등학생들에게 앞으로 다가올 국제화, 정보화를 비롯한 일본 사회 변화에 잘 적응하면서 교양을 쌓도록 돕는 게 목적이었다. 개별 교과목에 얽매이지 않는 체험 학습을 적극 도입한다는 취지로 개설되었다. 나는 이웃 나라 한국에 대한 이해를 돕는 수업을 담당했다. 수업 횟수는 많지 않았다. 이 수업을 맡은 2000년에서 2007년은 한국 대중문화가 큰 주목을 받기 시작한 시기와 맞물려 있었다.

일을 시작한 2000년은, 2002년 한일월드컵을 앞두고 초등학생들 사이에서 한국을 향한 관심이 뜨거웠다. 또 2003년, 2004년 무렵 〈겨울연가〉 붐이 중년과 노년 여성들을 끌어들였고, 그 후 〈대장금〉이 등장해 성인 남성들 사이에서도 한국 붐이 일었다. 같은 시기 젊은 층에게는 보아의 인기가 상당했다. 덕분에 한국어 교사 일은 아주 짭짤한 부업이 되었다.

2004년부터는 다이닛폰인쇄(DNP, 섀도마스크·LCD·컬러 필터·광학필름 등이 주력 상품으로 자산 1조 원이 넘는 대기업) 연수부에 소속되어 일을 했다. 수업 수강생들은 자사 상품의 주요 고객인 삼성과 거래할 때 호감을 얻기 위해 한국어를 배운다고 했다. 삼성 출장이 많은 영업 부서 부장부터 일반 직원까지 전원 참가했다. 이유는 모르지만 2년째부터는 인사 부장도 수업을 들었다. 추측하건대 〈대장금〉 팬이 분명했다. 두 명의 부장이 출장 기간을 빼고는 항상 출석하니까 아침 8시에 시작하는 수업임에도 부하 직원들 출석률이 무척 높았다.

일본 대표적인 종합상사인 이토추상사 연수부 의뢰로 강의한 적이 있는데 〈겨울연가〉 광풍이 불던 시기였다. 여성 직원을 위한 복지사업의 일환으로 마련된 수업이었고 〈겨울연가〉 속 대사를 같이 낭독하고 싶어 했다. 교재는 이미 연수부가 준비를 해두었다. 참가 직원들 요청으로 작성된 교재에는 배용준과 최지우가 서로 애틋한 마음을 표현하는 장면에서 발췌한 대사가 잔뜩 적혀 있었다. 마치 유튜브 쇼츠를 20여 개 연결한 것 같은 구성이었다. 다 같이 역할 연기까지 하면서 즐겁게 수업했던 기억이 난다.

요즘 오타니 쇼헤이가 광고 모델을 하는 ECC외국어학원에서도 2002년에서 2003년까지 잠시 일했다. 한국어 붐이 막 시작되던 즈음이라 아직 체계적인 교육 프로그램은 갖춰져 있지 않았다. 수강생은 대부분 한국어가 배우고 싶다기보다 한국 드라마를 보며 맘껏 누군가와 이야기하고 싶어 했다. 욘사마 팬에 대한 편견을 두려워했기 때문이다. 유튜브나 SNS가 충분히 발달한 시대였다면 이렇게 교실까지 찾아오지 않았을지도 모른다.

한국 그림책이 고가에 낙찰, 왜?

한국을 향한 호기심이 폭발하던 시기였지만 갈증을 채워줄 만한 콘텐츠는 충분하지 않았다. 그렇다면 내가 갖고 있는 한국 책을 한번 팔아볼까? 호기심이 발동해 야후 옥션에 책을 올려 판매해봤다. 처음에는 내가 갖고 있던 중고 그림책을 팔았다. 기본가 설정 무조건 100엔! 사진을 올리고 재밌게 설명하려고 노력했다. 한국 문화에 관심이 많은 사람과 계속 접해온 덕분에 그들이 원하는 메시지를 조금은 알았다. 덕분에 운영은 순조로웠다.

지금도 기억에 남는 경매는 어린이 그림책 『경복궁에서의 왕의 하루』가 1만 5천 엔이 넘는 가격에 낙찰된 일이다. 〈대장금〉 효과였다. 책 낙찰 후 손님과 메시지로 연락을 주고받고 발송했는데 그림책 고객 대부분은 한글을 읽고 쓸 줄 모르는 사람이었다. 그림으로 충분하다고 했다. 그림책뿐만 아니라 초등학교 국어와 사회 교과서 반응도 뜨거웠다. 그냥 한 권 갖고 싶다는 마음. 옥션이다 보니 누군가 관심을 보이면 지기 싫다는 경쟁심이 부채질해서 가격이 마구 올라가기도 했다. 왜? 이 책이?? 파는 입장에선 이해가 안 되는 높은 가격으로 낙찰되었고 감사한 마음으로 발송했다.

갖고 있는 책을 다 처분하고 나니 반응은 좋았지만 책 장사를 계속할지 망설여졌다. 새로 책을 들여와 팔려면 신경 쓸 일이 너무나 많았다. 공부할 시간을 더 이상 줄이고 싶지 않았다. 박사 학위를 받고 니혼대학에 취직하기까지 7년 정도 시간이 걸렸다. 일본에서는 학위 취득 후 유학 비자 기간이 만료되면 비자 받기가 정말 힘들다. 지금은 '교수' 비자의 취득 요건이 완화되었다고 들었지만 내가 시간강사를 하던 시절에는 8개 과목 이상을 가르치지 않으면 자격 취득이 어려웠다. 대학 강의로

한 달에 20만 엔 이상 수입이 있어야 했다. 대학 강사 외에 일본어 적응 지도원, 한국어 강사, 야후 옥션 책 판매 등을 합하면 넉넉하게 수입 조건을 넘겼지만 당시에는 대학 강사 외 다른 아르바이트는 비자 심사 대상이 안 되었다.

마지막 위기는 2007년 여름에 찾아왔다. 9월이면 비자가 만료되는데 8월까지도 해결이 안 되었다. 이젠 정말 끝이구나. 아무 기반도 없는 한국에 가야 하나 보다. 거의 단념을 하고 이사 준비를 시작했다. 나중에 알았다. 내 사정을 들은 지인들이 나를 살릴 방법 찾기를 하고 있었음을. 지금은 같은 과 동료로 일하는 구보키 히데오 선생님이 『한문맥의 근대』 저자로 한국에도 잘 알려진 도쿄대 사이토 마레시 선생님께 도움을 요청했고, 그분이 중국 철학자로 유명한 나카지마 다카히로 선생님과 의논했던 모양인지 도쿄대학 UTCP(공생을 위한 국제 철학 연구 센터) 연구원 모집에 응모해보라는 전언이 왔다.

UTCP 연구원으로 채용되었다는 통지가 비자 만료 2주 전에 도착했다. 순간 엉엉 소리 내어 울었다. 결국 9월에 무사히 '교수' 자격으로 3년 비자를 받을 수 있었다. 2010년 9월까지 재류가 가능했고, 2010년 4월에 니혼대학에 부임했다. 구보키 선생님, 나카지마 선생님, 사이토 선생님이 내게 다음 기회를 마련해주신 셈이다. 그분들은 이런 기회를 주셨음에도 불구하고 단 한 번도 내 앞에서 비자 문제를 화제로 삼으신 적이 없다. 그냥 그렇게 잘 살아라. 이것이 그분들의 메시지인 것 같다.

만약 이때 비자를 받지 못했다면 나는 지금 어떤 시간을 보내고 있을까. UTCP 연구원이 되고 나서 정말 두 번 다시는 비자 문제로 고생하지 않겠노라 마음먹었다. 다행히 내 사정이 널리 알려졌고 갑자기 여러 대학으로부터 일본 문학 강의 의뢰가 감당하기 벅찰 만큼 들어왔다. UTCP 연구원과 대학 강의에 집중하기 위해 다른 부업들을 전부 정리했다.

이때가 2007년 가을이다. 나는 한국에 대한 급격한 인식 변화를 초중등학교 교실, 외국어 학원, 한국어책 장사를 통해 체감했다. 이 기간 근처 슈퍼마켓에서는 김치 판매가 일반화되었다. 김치를 사기 위해 신주쿠에 갈 필요가 없어졌다. 김치를 찾는 일본인들이 늘었다는 의미다.

초등학교 교실에서도 큰 변화가 일었다. 이건 중요한 현상이다. 어른들은 자신들이 즐기는 콘텐츠가 생기면 정보를 얻기 위해 노력하고 소비한다. 〈겨울연가〉 붐이 욘사마(배용준)의 주요 팬인 60대 이상 여성을 소비자로 가시화시켰음은 유명한 이야기다. 신주쿠 이세탄백화점은 대량 구매를 하는 중국 관광객, 부유층과 패션에 관심 많은 고객을 타깃으로 삼았고 오다큐백화점은 30~40대 여성 회사원을 주요 고객으로 노렸다. 충성도 높은 고객을 중심으로 경영하던 시절이다. 이도 저도 아니었던 게이오백화점이 이 시기 60대 이상을 주요 고객으로 설정하고 '시니어 전략'을 세워 성공했다. 모두 〈겨울연가〉 붐과 관계있다는 지적이 심심치 않게 나온다.

초등학생은 다르다. 특히 먹거리는 보호자가 무엇을 제공하는지에 영향을 받아 어릴 때부터 익숙한 음식은 어른이 되어서도 버리지 못한다. 평생 식습관 기초가 이때 만들어진다. 초등학교에서 국제 이해 수업을 할 때면 나는 아이들 관심을 끌기 위해 먹거리 이야기부터 시작했다. 2000년대 중반이었나, "너희가 아는 한국 음식은 무엇이 있을까?" 이 질문에 언젠가부터 '기무치(김치)'라는 단어가 사라졌다. 누군가 '기무치'라고 말하면 바로 "그건 일본 요리"라고 다른 아이가 대답했다. '김치'가 가까운 일상에 자리했다는 뜻이다. 이 아이들에게 김치에 들어간 생마늘 냄새는 더 이상 '구사이'한 혐오 대상이 아니었다.

이 세대가 지금 20대 중반에서 30대 중반으로 성장했다. 최근 한국 요리를 '구사이'라고 말하는 일본인을 거의 보지 못했다. 아마 자신이 동경하는 K-POP 스타가 생마늘을 폭풍 흡입하는 모습을 보면 '갓코이'라고 반응할지도 모른다. 한국 문화 위상이 올라가면서 생마늘도 다른 맛으로 느껴지는 건가.

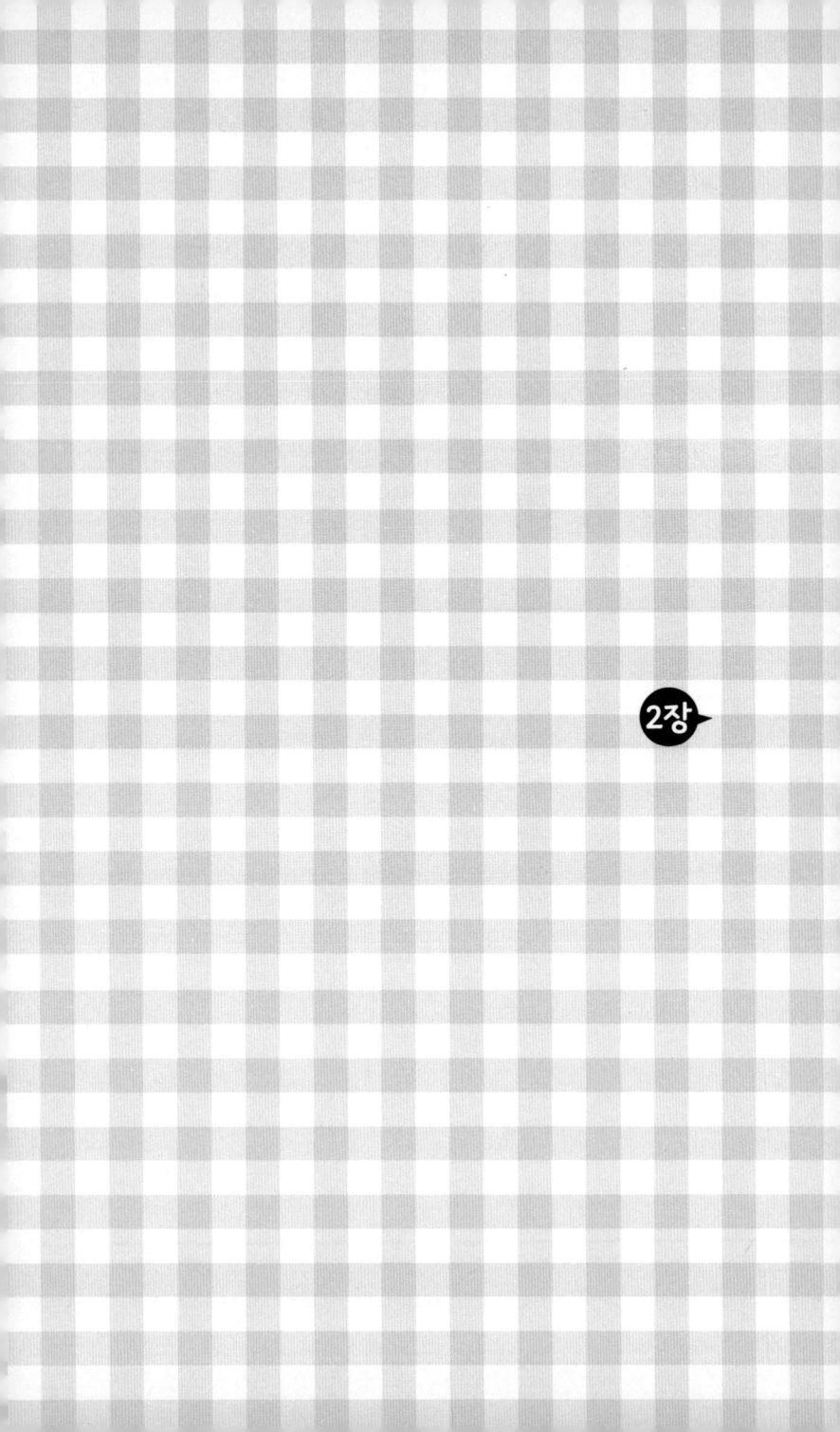

**외국인으로서
일본의 삶은 안전합니까?**

🌸 박사 학위와 취직

    2010년, 나는 니혼대학 '국문학과' 전임 교수가 되었다. 거의 기적에 가까운 인사였다. 내가 교환학생으로 온 1994년, 우리 학과 교수 열네 명은 전원 남성이었다. 여성 교수가 부임한 것은 2000년대 들어서였고, 난 여성으로서는 네 번째였다. 니혼대학 국문학과는 그나마 나은 편이다. 당시 일본어 원어민과 동일한 조건으로 일본 문학만을 가르치는 외국인은 근세 문학 연구자로 유명한 로버트 캠벨 선생뿐이었고, 일본 근현대 문학은 내가 처음이라고 들었다. 직접 확인한 사실은 아니라서 확증은 없지만.

일본어가 모어가 아닌 일본 문학 연구자

내가 출신 대학에 취직했기에 순혈주의 인사라고 생각할 수도 있다. 그러나 니혼대학 국문학과가 외국인에게 녹록한 곳이 결코 아니다. 내가 박사 과정에 들어간 1997년 이후 10년 정도 유학생이 없었다. 그때 석사 과정과 달리 박사 과정 정원이 상당히 한정되어 있었다. 박사 과정 진학을 원하는 일본 학생들이 충분히 확보되므로 유학생을 받지 않아도 유지가 가능했단다. 유학생이 많으면 수업 질이 떨어진다고 생각하는 이들도 많았던 것 같다. 문학 연구는 단순히 인쇄된 글자만을 이해하는 작업이 아니다. 행간 독해가 가능한 언어 능력이 필요한데, 모어 화자가 아니면 어렵다는 인식이 지배적이었다.

문학 작품에서 '여백'이 어디에 있고 그것이 이야기 전개에 어떤 역할을 하는지 분석하는 일은 중요하다. 특히 고전문학 연구는 거의 도제제도에 가까운 교육 시스템을 구축해 장기간에 걸쳐 필사본을 읽어내는 강도 높은 훈련을 거듭한다. 고령의 고전 연구자가 여전히 존경받는 이유다. 서지학 연구자도 고전 연구와 비슷한 구조에서 신세대 교육을 진행하기에 학자 생명이 길다. 그에 비해 근현대 문학 연구는 튀는 센스와 최신 이론 무장이 필요한 영역이라 나이가 들수록 암묵리에 퇴출당한다.

아무튼 나는 처음부터 일본 문학의 원어민 지상주의를 순순히 받아들이지 않았다. 일본어 원어민이 모두 일본 문학 연구를 할 수 있는가? 절대 아니다. 모어 화자라는 점이 일본 문학을 공부할 때 강점으로 작용하긴 하지만 내실 있는 연구를 위한 절대 조건은 아니다. 최근에는 일본어 모어 화자가 아닌 작가는 물론이고 훌륭한 연구자도 많이 등장하는 중이다. 나는 졸업논문을 지도할 때 문학 작품 분석 방법뿐만 아니라 작문 첨삭도 반드시 한다. 논문을 위한 일본어와 생활 일본어는 조금 다르기에 원어민들도 외국어를 배우는 마음으로 일본어와 다시 만나야 한다.

박사 과정 시절, 나를 가장 힘들게 한 것은 언어가 아니었다. 우리 학과에 박사 학위 제도가 정비되어 있지 않았다. 내가 속한 전공 과정에 박사 학위 도입이 필요하다고 절실하게 생각하는 교수님도 없었다. 그래서 마음고생을 꽤 했다. 내게 근현대 일본 문학 연구 방법을 가르쳐준 교수님 전원이 박사 학위를 갖고 있지 않았다. 근현대 문학을 전공하는 전임 교수님이 네 명 있었는데 두 명은 학사, 나머지 두 명은 최종 학위가 석사(박사 과정 단위 취득 후 퇴학)였다. 박사 학위는 정년을 앞둔 학자에게 주는 기념패와 같은 느낌이었다. 내가 아는 근현대 전공 연구자들은 전혀 원하지 않았다. 주로 고전 선생들을 위한 이벤트였다.

필요한 인재는 직접 찾는 교수 채용 방식

1932년생 가사하라 노부오 선생님은 유일한 니혼대학 출신자였다. 대학 졸업 후 중고등학교 국어 교사를 하면서 중세 문학 평론가로 두각을 나타냈다. 점차 근현대 문학으로 관심을 돌려 많은 책을 썼지만 그중에서도 이즈미 교카와 다니자키 준이치로 연구로 주목을 받았다. 당시 주요 대학들의 인사 방식은 초빙이었다. 공개 모집이 없으니 당연히 교수가 되기 위한 조건을 아무도 몰랐다. 다른 분은 모르지만 가사하라 선생님은 본인이 좋아하는 연구가 가능하다면 중고등학교 교사를 계속하더라도 별로 신경 쓰지 않았을 것이다.

1940년생 소네 히로요시 선생님은 도쿄대학 경제학과를 졸업하고 2년 동안 일본은행에서 근무했다. 이후 은행을 그만두고 한동안 아르바이트와 영어 강사 등을 하면서 공부했다. 나중에는 번역 회사를 차렸는데 도쿄

대학 재학 중이던 가라타니 고진이 아르바이트를 했다고 한다. 이렇게 여러 가지 일을 하며 군조신인문학상(평론 부분)을 수상해 평론가로 활약했고 이토 세이라는 소설가 평전을 썼다. 문학 평론가로 큰 주목을 받아 니혼대학에 초빙되었다. 두 선생님 다 대학원에서 학자가 되기 위한 훈련을 받은 적이 없는 완전한 독학자들이었다.

석사 학위가 최종 학력인 1956년생 고노 겐스케 선생님은 일본 최고 명문인 아자부중고등학교에서 국어 교사를 하면서 와세다대학 박사 과정을 마쳤다. 서류상은 '대학원 박사 과정 퇴학'. 선생님 세대에게 대학원은 박사 학위를 받기 위한 곳이 아니었다. 학위를 목표로 진학하지 않았다. 학위라는 단어를 떠올린 적도 없을 것이다. 선생님은 대학원 시절에 수업보다는 다른 여러 대학에 재학 중인 대학원생들과 새로운 연구 방법 모색에 주력했고 학회지 투고보다는 자신이 창간한 동인지를 통해 재기 넘치는 기획을 하고 논문을 발표했다. 학회지 투고에는 형식을 지키는 게 무척 중요한데 그 모든 것이 기성세대가 만든 답답한 족쇄처럼 느껴졌던 모양이다.

1960년생 가네코 아키오 선생님은 릿쿄대학에서 박사 과정을 밟았는데 학사와 석사는 사회학 전공이었다.

근현대 문학 연구 흐름을 완전히 바꿔버리고 문화 연구의 길을 연 마에다 아이 선생님에게 배우고 싶어 근현대 문학으로 진로를 바꿨다. 그러나 입학한 바로 그해 마에다 선생님이 세상을 떠나서 그에게서 문학 연구자 수업을 거의 받지 못했다. 결국 학교 공부보다는 다른 대학 대학원생들과 세미나 모임에 열심이었다고 한다. 이분의 최종 학위는 문학이 아닌 '사회학' 석사다. 그의 이력서를 보면 학위는 전부 문학과 관련이 없다. 이력서 마지막은 '대학원 박사 과정 퇴학'이라 쓰여 있지 싶다. 그러나 그의 연구는 기존 일본 문학 연구와는 색깔이 달랐고 박사 과정 때 이미 큰 주목을 받았다. 박사 후기 과정 퇴학과 동시에 류쓰케이자이대학 교수가 되었고 일본 근현대 문학 연구의 중심이 되었다.

당시 도쿄 중심에 있는 사립대학들의 채용 방식은 헤드헌팅이었다. 일본어로는 이런 인사를 잇뽕즈리(一本釣り)라고 한다. 월척 잡기에 가까운 의미인데 참치 등 시장 가치가 높은 대형어 한 마리를 정확히 겨누어 확실히 잡는다는 뜻이다. 나의 선생님 네 분도, 또 나도 운 좋게 잇뽕즈리로 채용이 되었다.

박사 학위? 그게 왜 필요해?

내가 취직한 2010년까지도 도쿄 주요 대학들은 공채가 아닌 필요한 인재를 직접 찾아 데려오는 인사 방식을 선호했다. 일반 기업에서 헤드헌팅이 보편화된 지금도 잇뽕즈리 인사는 한국에서 절대 용납되지 않는 제도일 것이다. 일본도 최근에는 대부분 공채로 진행한다.

아무튼 나의 선생님들은 박사 학위를 목표로 삼은 적도, 취업 원서를 써본 적도 없는 분들이다. 그냥 채용하고 싶다는 연락을 받고 신년 4월부터 출근한 것이다. 서로 출신이 다르니 친한 친구 또는 같은 학교 등등 보통 한국 사회에서 생각하는 학연과 지연이 만드는 순혈주의와는 무관하게 모인 셈이다.

이러한 환경에 있었으니 박사 학위 제도를 도입해달라는 말을 꺼내기가 무척 어려웠다. 나중에 알았는데 선생님들은 제자들에게 학위 수여를 해본 경험도 없었다. 전원 '퇴학'을 시킨 것이다. 나의 선배들은 3년이란 재학 기간이 끝나면 당연히 '퇴학' 수속을 밟았고 학교를 떠나더라도 중고등학교 교사나 대학 시간강사를 하면서 본인이 좋아하는 연구에 매진했다. '박사 학위'가 왜 필요해? 선배들로부터 이런 질문을 끝없이 받아야 했다.

2000년대 들어 국립대에서 주로 유학생을 위한 박사 학위 수여가 시작되었다. 일본 학계가 외국에서는 학위가 필요하다고 인식한 것도 이 무렵이다. '과정박사(課程博士)' 제도가 퍼지기 시작했다. 박사 재학 6년 이내에 학위를 받을 수 있도록 하는 것이다. 우리 학교 교수님 중에는 이것을 문부성(국가) 지배에 대한 굴복으로 못마땅하게 생각하는 분들도 있었다.

특히 독학자 소네 선생님은 연구자는 학위를 목표로 삼아서는 안 된다, 좋은 논문으로 학자로서 인정받는 것이 중요하다는 주장을 상당 기간 굽히지 않았다. 나를 제외하면 모두 일본인이던 대학원 박사 과정 선배와 동기들 가운데 박사 학위를 간절히 희망하는 사람은 없었다. 같이 싸워주는 동지 없이 박사 과정 3년 동안 학위 취득 필요성을 계속 주장했다.

결국 우리 전공에서 과정박사 학위 수여를 제도적으로 정비한 것은 내 케이스를 통해서였다. 한 번도 주어본 적이 없으니 과정박사 학위 제도를 도입하기 위해 어떤 조건이 필요한지 교수들도 몰랐다. 행정 절차를 하나씩 확인했다. 또 과정박사 1호 탄생의 주인공이 되기 위해 선생님들께서 내건 연구 실적 조건을 다 충족시켜야 했다. 열네 명 교수 중 그 누구도 반대할 수 없도록 단단한 실적을 만들고 싶었다. 외국인이니까 특별 대우한다는 말은 듣고 싶지 않았다. 덕분에 학위 취득을 했을 때는 일본 어느 대학에서 인사가 있더라도 응모할 만한 연구 실적이 쌓여 있었다.

양의 문제가 아니다. 문학 연구사를 바꾸는 계기가 되는 무언가를 만들어내라는 압력이 강했다. 그게 맘대로 되나. 운도 상당히 필요하다. 좋은 주제는 노력만으로는 부족하다고 실감했다. 박사 학위 논문이 완성될 때까지 내가 한국어 화자라는 사실을 잊기로 했다. 이제는 식민지 시대 조선어 자료, 해방 후 한국어 자료는 물론이고 한국의 훌륭한 연구자들 연구서를 적극적으로 읽고 배우고 인용한다. 그렇지만 젊은 시절에 박사 논문을 완성하고 일본 문학 연구자로 인정받기 위해 택한 방법은 그들 무대에서 그들과 같은 자료로 연구하는 것이었다.

연구에 대한 신뢰를 얻으려고 일본 근현대 문학 연구자라면 누구나 읽고 손에 넣을 수 있는 자료만을 사용해 박사 논문을 썼다. 그것이 올바른 선택이었는지 아닌지 아직도 모르겠다. 다만 이때 쌓은 업계 신용이 지금의 자유로운 소재 선택을 가능하게 했다고 생각한다. 업계의 보수성과 폐쇄성을 비판하면서도 그들과 같은 무기로 그들의 연구를 비판적으로 재분석하는 방법을 익히는 중요한 시간이었다.

지금은 일본 근현대 문학 연구자들 대부분이 박사 학위를 취득한다. 우리 대학에서도 박사 과정에 진학하면 학위 취득을 희망하는지 반드시 확인한다. 안정된 제도는 없다. 시대에 맞춰 모든 건 변하기 마련이다.

🌸 외국인 작가는 비자 발급이 유리할까?

"저는 일본어로 글을 쓰는 소설가입니다. 장기 체류 비자를 발급해주세요."

과연 일본에서 가능한 이야기일까? 일본어로 글을 쓰는 외국인 소설가는 다른 외국인과 비교해 비자 발급이 유리할까? 일본에서 외국인이 취업 비자를 신청할 때 필요한 조건이 있다. 경제적 자립과 더불어 이 사회를 위해 자신이 얼마나 유익한 존재인지를 증명해야 한다. 경제적 자립에 필요한 금액은 자신이 충분하다고 느끼는 금액이 아니라 일본 법무성이 상정하는 금액이다. 이러한 제도는 일본이 특별한 것도 아니고 다른 국가들도 비슷할 것 같다.

한동훈 전 법무부 장관은 이민청 설립 계획을 내놓으면서 "외국인을 무조건 많이 받아들이자는 게 아니라 꼭 필요한 외국인을 정교하게 판단해 받아들이고, 불법체류자는 더 강력히 단속하겠다"고 말했다. 5년 내 미등록 외국인도 40만 명에서 20만 명대로 줄이겠다고 강조했다. 문화일보(2023년 12월 29일)는 이에 대해 "국회에 이민청 설립을 위한 정부조직법 개정안도 발의돼 있지만,

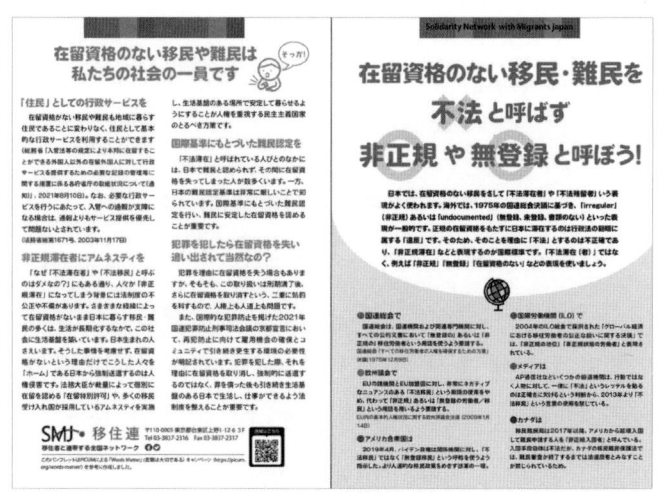

NGO '이주노동자와 연대하는 전일본 네트워크'는
"재류 자격 없는 이민과 난민을 불법이라 부르지 말고
비정규나 무등록으로 부르자"며 제안한다. 포스터 사용을 허락해주신
'特定非営利活動法人 移住者と連帯する全国ネットワーク(移住連)'에 감사드립니다.

문제는 내국인 일자리를 잠식하고 외국인 범죄가 증가한다는 일각의 우려다"라고 보도했다. 이민청 설립 계획이 발표되자 미디어에는 '외국인 범죄 증가'라는 제목이 달린 기사가 많아졌다.

일본도 사정은 다르지 않다. 노동을 하는 외국인은 예비 범죄자 취급을 받아 마땅한 존재인 듯하다. 이 글을 읽는 독자분도 돈이 많아 투자 이민으로 인정을 받던가, 그 나라가 원하는 최첨단 기술 보유자나 글로벌 기업 간부 사원 같은 신자유주의 시대의 승자(후보)가 아니라면 일단 국경 밖에서 자존감을 유지하고 살기 어렵다는 각오를 해야 한다.

추방될 불안을 품고 사는 인문학자

나는 2002년 3월에 박사 학위를 취득한 이후 비자 갱신 기간이 다가올 때마다 자격 연장이 가능할지 늘 불안했다. 유학생 출신 한국인 지인이 한순간에 비등록 외국인이 되는 모습을 보았다. 절대 남의 일이 아니었다. 실제로 유학 비자 기한이 만료된 2002년 봄, 그리고 일본학술진흥재단 외국인 특별 연구원 자격으로 획득한 '교수' 비자(노동 시간 제한 없이 강의 가능함, 인문학 연구자에게 가장 유리한 비자)가 만료된 2007년, 이렇게 두 번 나는 국외 추방 위기를 겪었다. 월수입이 많지 않은 시간강사, 특히 인문계 연구자가 일본 사회 발전에 공헌한다는 사실을 증명하기는 쉽지 않다. 두 번째 위기를 겪고 불과 3년 뒤 '대학교수' 신분으로 비자 신청을 했을 때, 입국관리국은 깜짝 놀랄 만큼 정중한 대우를 해줬다. 노동도 다 같은 노동이 아니다. 엄연한 차별이 존재한다.

'문학 연구'를 직업으로 삼으면 재류 자격 획득이 얼마나 어려운지 절절히 체감한다. 덕분에 입국관리국 홈페이지와 정책 변동에 민감한 편이다. 그래서 재단법인 입국관리국협회가 발행하는 잡지 『국제 인류』에 '일본 문학과 외국인'(2010년 3월호) 특집이 대대적으로 실렸을 때 기획 의도를 의심하지 않을 수 없었다. 입국관리국이 일본 문학을 챙기다니……. 너무 놀라워서 목차를 몇 번이고 들여다보았다.

『국제 인류』는 출입국 관리 행정에 관한 통계와 입국관리법 개정에 관한 최신 정보를 제공한다. 그런 매체에서 '일본 문학과 외국인' 특집을 기획하는 건 상당히 이례적이다. 일본 문학 특집은 4부로 구성되어 있었다.

목차 최상단에 위치한 특집1은 일본 문단에서 활약

『국제 인류』(2010. 3) 표지. 특집 '일본 문학과 외국인'이 가장 눈에 띄는데,
입국관리국 정책 보고서 등 같이 쓰인 주요 기사는 문학과 거리가 먼 법률 내용이다.

하는 외국인 작가들을 모아 다음과 같이 소개했다. 양이는 "모어가 일본어가 아닌 작가로서 처음으로 아쿠타가와상을 수상한 문필 장인." 시인, 번역가, 동화 작가, 라디오 진행자 등 다채로운 활동을 하는 아서 비너드는 "일본어와 영어, 두 개의 도구 상자를 자유자재로 다루는 언어의 명수." 시인 티엔 위안은 "창작과 번역으로 일중 문학 교류의 가교가 되다."

그들의 공통점은 일본어가 모어가 아님에도 불구하고 일본어로 창작하고 각종 문학상을 수상했다는 점이다. 양이는 분가쿠카이(분게이슌주사가 발행하는 잡지)신인

상과 아쿠타가와상을 수상하며 화려하게 데뷔했다. 아서 비너드는 나카하라주야상, 고단샤에세이상, 일본그림책상 등 비교적 상복이 많았다. 티엔 위안은 유학생문학상 대상을 수상했다.

특집1에 이어 특집2는 '유학생의 감춰진 재능을 발굴하여 새로운 일본 문학의 가능성을 넓히는 유학생문학상', 특집3은 '일본에서 배우는 유학생에게 듣는 내가 좋아하는 일본 문학'이었다.

『국제 인류』가 입국관리국이 관여하는 잡지라는 점을 다시 한번 떠올려보자. 이 잡지를 읽는 독자는 누구인가? 우선 재류 자격에 관심이 많은 이들이 볼 것이 분명하다. 예컨대 재류 자격을 심사하는 사람, 자신이 재류 자격 취득이 가능한지 불안한 사람, 재류 자격 신청을 대행하는 사람, 재류 자격 취득에 불이익을 경험한 사람과 그들을 돕는 사람 그리고 나와 같은 연구자가 주된 독자일 것이다. 문학 독자가 이 특집과 만날 가능성은 전무하다. 나도 유학생 관련 통계를 보려고 잡지를 조사하다가 우연히 발견했다.

문학 특집인데 인터뷰를 하는 이는 잡지 편집자들이다. 물론 그중에는 문학 애독자도 있을 터. 하지만 직업상 그들은 입국 관리 관련 통계 분석과 재류 자격에 관한 기사를 다루어야 한다. 편집자들은 일본 문학 특집인데도 소설가나 시인에게 창작 내용을 질문하지 않았다. 오로지 어떻게 일본어를 배웠고 어떻게 작가가 되었는지 그들의 생계와 사회적 역할을 물었다. 그들이 이 사회에서 얼마나 유익한지를 보여주고 싶었을 뿐이다. 자기계발서도 아니고 왜 이러는 걸까?

재류 자격에는 등급이 있다

독자가 누구인가를 생각하면 당연한 질문이다. 장기 재류 비자가 필요한 사람은 좀 더 안정적인 자격 획득을 목표로 삼는다. 우선 재류 자격에는 등급이 있다는 점을 알아야 한다. 비자 자격명(유학, 문화 활동, 교수 등)에 이미 사회 차별이 내재되어 있다.

특집1에 소개된 세 명의 작가는 유학생 출신이다. 모두 모국에서 일본어를 학습한 경험이 없었고 일본에 와서야 외국어 학교 초급 과정을 수료했다. 인터뷰에서 세 사람 모두 일본 생활 초기 자신들이 일본어를 전혀 하지 못했음을 고백했다. 이 사실은 특집2를 읽는 독자에게 큰 희망을 준다. 왜냐하면 특집2에 유학생문학상을 주최하는 도쿄대학 유학생센터 교수인 스하라 사토루와 그 즈음 대상을 수상한 코스타리카 출신 대학원생 시인 메나 아라야 아론 엘리의 인터뷰가 실려 있기 때문이다.

당시만 해도 엘리는 겨우 일본살이 2년 차였다. 이바라키대학 연구생을 거쳐 석사 과정에 진학한 그는 고등학생 시절 애니메이션 오타쿠였다고 한다. 아버지가 사준 일본어 교과서로 히라가나와 가타카나, 기본 문법을 독학했고 대학에서 일본어를 배웠다. 어학 공부를 아주 좋아해 고등학교 때부터 일어뿐만 아니라 독일어, 영어, 스페인어를 학습한 외국어 능력자였다. 엘리의 당선작을 선배 대상 수상자인 티엔 위안이 일본에서 가장 유명한 시 전문 잡지 『현대시 수첩』에 소개했다. 특집1(일본 문단에서 활약하는 외국인 작가)이 특집2(문학자 지망생)를 끌어올리는 역할을 했달까. 아마도 대학교수인 티엔 위안은 교수 비자를, 엘리는 유학 비자를 갖고 있을 게다.

자연스럽게 특집3은 당시 재류 자격 '취학'으로 입국한 신주쿠일본어학교 학생들에게 일본 문학 취향을 물으면서 은근히 유학생문학상 응모를 부추긴다. 이 해 '취학' 비자는 '유학' 비자에 통합되었다. 원래 일본어 학교 학생은 '유학' 자격 획득이 목표인 사람이 대부분이었다.

특집3을 읽는 독자에게는 특집2가 당면 목표인 셈이다.

특집 구성만을 본다면 특집3 그룹은 '양이'를 목표로 삼아야 한다. 얼핏 보기에 양이의 아쿠타가와상 수상이 안정된 재류 자격 획득과 관련이 깊어 보인다. 그러나 외국인이 작가로 데뷔했다고 해서 안정된 재류 자격이 바로 주어지는 것은 아니다. 취로 자격(외국인이 일본에서 수입이 발생하는 사업을 운영하거나 보수를 받기 위해 필요한 재류 자격)의 가장 중요한 기준은 '수입'이다. 예술을 하는 사람이 취로 자격을 획득하려면 '안정된 수입'이 필요하다. 아르바이트도 아무 직종이나 할 수 없다. 수입 출처가 '예술'과 관련되어야 입국관리국에서 인정해준다.

용무가 끝났으면 빨리 돌아가라

일본어 학교와 대학 재학 기한이 끝나면 재류 자격 획득은 상당히 힘들어진다. 당시(2009년) 일본 정부는 글로벌 전략의 일환으로 유학생 30만 유치 계획을 대대적으로 선언했다. 대학 등 교육기관의 국제 경쟁력을 높여주는 뛰어난 유학생 유치를 위해 재류 심사를 간소화하기로 한 것. 이 정책과 더불어 2012년 5월에는 고도인재포인트제를 실행한다. 외국인 본인이 표에 의거한 계

고도전문직 포인트 계산표

출입국관리 및 난민인정법 별표 제1의 2 고도전문직 항목 하기 규정에 기초, 출입국관리 및 난민인정법 별표 제1의 2 고도전문직 항목 하기 기준을 정한 법령 제1조 제2호 규정에 의거해 자기계산 포인트를 제출합니다.

항목	기준				체크	점수	소명자료
학력 (주1)	박사 학위(전문직 학위 제외)				☐	30	①
	경영관리 관련 전문직 학위(MBA, MOT) 보유				☐	25	
	석사 또는 전문직 학위				☐	20	
	대졸 또는 이와 동등 이상인 학력(박사, 석사 제외)				☐	10	
	복수 분야 2개 이상 박사 또는 석사 학위 또는 전문직 학위(주2)				☐	5	
	(주1)최종 학력이 대상입니다(예를 들어 박사와 석사 양쪽 학위를 보유하면 30점입니다). (주2)학위 조합에 관계없이 전공이 다름을 입증하는 자료(학위증 또는 학위증명서로 확인 불가한 경우는 성적증명서)를 제출해주시기 바랍니다.						
직무 경력	종사하고자 하는 업무에 관한 실무 경험						②
	10년 이상				☐	20	
	7년 이상 10년 미만				☐	15	
	5년 이상 7년 미만				☐	10	
	3년 이상 5년 미만				☐	5	
연봉 (주)	30세 미만	30~34세	35~39세	40세 이상			③
	1,000만 엔 이상	1,000만 엔 이상	1,000만 엔 이상	1,000만 엔 이상	☐	40	
	900~1,000만 엔	900~1,000만 엔	900~1,000만 엔	900~1,000만 엔	☐	35	
	800~900만 엔	800~900만 엔	800~900만 엔	800~900만 엔	☐	30	
	700~800만 엔	700~800만 엔	700~800만 엔	—	☐	25	
	600~700만 엔	600~700만 엔	600~700만 엔	—	☐	20	
	500~600만 엔	500~600만 엔	—	—	☐	15	
	400~500만 엔	—	—	—	☐	10	
	(주)연봉이 300만 엔 미만이면 다른 항목 합계가 70점 이상이라도 고도전문직 외국인으로 인정되지 않습니다.						
연령	신청 당시 연령						
	30세 미만				☐	15	
	30~34세				☐	10	
	35~39세				☐	5	
연구 실적	발명가로서 특허를 받은 발명 1건 이상 보유				☐	15	④
	외국 정부로부터 보조금, 경쟁적 자금 등을 획득한 연구 3회 이상 참여				☐		⑤
	학술논문 데이터베이스에 등재된 학술지 게재 논문 3편 이상 ※책임 저자에 한함				☐		⑥
	그 밖에 법무장관이 인정하는 연구 실적				☐		⑦
자격	종사하고자 하는 업무와 관련된 일본 국가자격(업무독점자격 또는 명칭독점자격) 보유 또는 IT 고시에 규정된 시험 합격 또는 자격 보유				○(1개)	5	⑧
					○(복수)	10	
	계약 기관						
	Ⅰ 혁신촉진지원 조치를 받는다				☐	10	⑨
	Ⅱ Ⅰ에 해당하는 기업으로 중소기업기본법에서 규정하는 중소기업자				☐	10	⑩

	Ⅲ 국가전략특별구역 고도인재 외국인 유치촉진사업 지원을 받는다	☐	10	⑪
	계약 기관이 중소기업기본법에 규정된 중소기업자로 시험연구비 및 개발비 총액이 총수입액에서 고정자산 또는 유가증권 양도에 따른 수입액을 공제한 금액(매출액)의 3% 이상인 경우 시험연구비 등 _____ 엔 ─────────── ─── = ___ % 매출액 _____ 엔	☐	5	⑩ ⑫
	종사하고자 하는 업무 관련 외국 자격, 표창 등 법무장관이 인정하는 자격 보유	☐	5	⑬
	일본 대학 졸업 또는 대학원 과정 수료	☐	10	⑭
	일본어 능력			
	Ⅰ 외국 대학 일본어 전공 졸업 또는 일본어능력시험 N1 합격 수준	☐	15	⑮
	Ⅱ 일본어능력시험 N2 합격 수준 ※⑭(일본 대학 졸업 또는 대학원 과정 수료) 및 Ⅰ에 상응하는 자는 제외	☐	10	
	각 부처가 관여하는 성장 분야 첨단 프로젝트에 참여	☐	10	⑯
	이하에 해당하는 대학 졸업(주)			
특별 가산	Ⅰ 아래 랭킹 중 2개 이상에서 300위 이내에 든 외국 대학 또는 아래 랭킹에 기재된 일본 대학 ☐ QS세계대학랭킹(Quacquarelli Symonds, 영국) _____ 위 ☐ THE세계대학랭킹(타임사, 영국) _____ 위 ☐ 세계대학학술순위(상하이자오통대학, 중국) _____ 위	☐	10	⑰
	Ⅱ 문부과학성이 시행하는 슈퍼글로벌대학 창성지원사업(Top형 및 글로벌화 견인형)에서 보조금을 받는 대학			
	Ⅲ 외무성이 시행하는 이노베이티브 아시아 사업에서 '파트너교'로 지정된 대학	☐		
	(주)⑭(일본 대학 졸업 또는 대학원 과정 수료)와 중복 합산이 인정됩니다.			
	외무성이 시행하는 이노베이티브 아시아 사업의 일환으로 JICA가 실시하는 연수를 수료함(주)	☐	5	⑱
	(주) • 이노베이티브 아시아 사업의 일환으로 JICA가 실시하는 연수 중 연수 기간이 1년 이상인 연수를 수료한 자. JICA 연수 수료증을 제출한 경우, 학력 및 경력 등을 증명하는 자료는 반드시 제출할 필요가 없으나 ②(경력) 포인트를 가산하려면 별도의 소명 자료가 필요합니다. • 일본 대학 또는 대학원 수업을 이용한 연수의 경우, ⑭(일본 대학 졸업 또는 대학원 과정 수료)와 중복 합산되지 않습니다.			
	투자 운용업 등과 관련된 업무 종사	☐	10	㉑
		합계		

※영주 허가 신청 시만 해당 부분을 체크해주세요.
  이 포인트 계산표는   ☐   이번 신청 시 포인트입니다.
                       ☐   이번 신청보다 1년 전 포인트입니다.
                       ☐   이번 신청보다 3년 전 포인트입니다.

이상의 기재 내용은 사실입니다.
신청인 또는 출입국관리 및 난민인정법 제7조의 2에 의거해 법무성령이 정한 대리인 서명/작성 연월일

서명   작성 연월일   년   월   일

산을 통해 일본 발전에 공헌할 '고도 인재'임을 증명해야 한다. 높은 포인트 획득이 가능한 가산점 대상은 이노베이션, 우주와 해저 개발, 정보 통신 관련 연구자, 출신 대학이 세계 랭킹 300위 이내, 연 수입 1천만 엔 이상이다. 또 40대 미만에게는 가산 포인트를 적용한다. 젊을수록 유리하단 말이다. 나 같은 인문계 연구자에게는 불리한 조건이다.

'소설가'라는 직종이 일본의 글로벌 전략과 합치됨을 증명하지 않는 한 소설가가 '유용한 외국인'이 되기는 어렵다. 경제적으로 자립한 유명 문인이 아닌 이들은 재류 자격 획득에 관한 지식이 조금이라도 있다면 '예술' 자격을 목표로 삼지 않는다. 비자 신청을 할 때 장기 체류가 필요한 이유를 적는 칸에 솔직하게 '소설가가 되고 싶어서' 혹은 '소설가라서(안정된 수입이 없는 경우)'라고 적는 사람은 절대 없지 않을까.

유학생문학상은 이러한 까다로운 제도 탓에 비자 획득에 어려움을 겪던 유학생 출신 시인을 돕는 과정에서 만들어졌다. 작가, 저널리스트, 예술가들의 모임터 '레몬야'라는 이자카야에서 탄생했는데, 앞서 말한 문학 특집에 등장한 도쿄대학 유학생센터 스하라 사토루 교수가

『유학생문학상 작품집』 킨들판 표지.
역대 수상작을 모아 만든 작품집으로 아마존 킨들에서 읽을 수 있다.

중심이 되었다. 2001년 처음 시작한 이래 2010년까지 10년 동안 개최됐으며, 2006년 대상 수상작인 이란 출신의 시린 네자마피가 쓴 소설 「살람」은 이와나미서점에서 발간하는 잡지 『세카이』(2007년 10월호)에 실려 주목받았다. 「살람」이 『세카이』에 실릴 때 스하라 교수는 다음과 같은 해설을 썼다.

> 유학생문학상은 중국 내몽골에서 온 시를 쓰는 유학생 보얀 히시구와의 만남에서 비롯되었다. 그는 도쿄에서 대학원을 졸업하고 1년 정도 일본에 남는 방법은 없을까,

궁리했다. 그의 유학 생활 6년은 공부와 아르바이트로 점철되었다. 조금이라도 시인으로서 차분하게 일본을 살펴보고 싶어 했다. 하지만 우리나라 법률은 대학을 졸업한 유학생이 그럴듯한 회사에 취직해야만 체재를 허가하므로 일본에 계속 머물 방법을 찾기란 너무나 어렵다. "용무가 끝났으면 빨리 돌아가라는 건가?" 단골손님들의 정의감을 자극하는 얘기였다. 체류 문제가 해결될 즈음 보얀이 일사천리로 써 내려간 것이 시집 『회정의 원형』(에이지출판, 2000년)이었다. 일본과 모국에 대한 마음을 일본어로 쓴 이 작품은 신문 서평란과 문예지에 소개되었고 높은 평가를 받았다.

스하라 교수는 1970년대부터 유학생 비자 획득을 지원해온 최고의 전문가다. 그런 그가 비자 획득의 어려움을 토로한다. 그는 이 이야기를 여러 매체에 기고했지만 레몬야 단골들의 '정의감'이 어떤 재류 자격을 만들어냈는지는 절대 말하지 않았다. 확실한 사실은 보얀이 '시인'으로 재류 자격을 획득하지 않았다는 점이다. 1990년 입국관리법 개정 이후 대학 전공을 살리는 취업은 법무성이 재류 자격을 부여한다. 그러나 '전공 살림' 판정은 입국관리국 직원의 몫이라 서류가 누구 책상에 놓이는지에 따라 운명이 갈린다. 불법과 합법의 경계를 우연이 좌우한다.

이미 스하라 교수는 사망했으니 보얀의 비자 신청 서류에 어떤 내용이 기재되었는지 알 길은 없다. 일본 명문 호세이대학 대학원에서 일본 문학 전공으로 석사 학위를 취득한 그가 재류 자격을 얻기 위해 '전공을 살리는 직업'이라 증명할 만한 업무는 무엇일까? 그걸로 충분한 수입도 얻어야 한다. 아무리 그의 시집이 신문 서평란이며 유명 문예지에서 높은 평가를 얻든 재류 자격을 취득할 결정타가 되지 못한다.

수입이 적은 '대중성 없는 예술가는 나가'라는 일본의 현실을 어떻게 받아들여야 할까? 이 고민이 싹튼 계기는, 내가 일본 문학을 가르친 중국 출신 여성이 독일에서 고군분투하는 모습을 보면서였다.

미국 프린스턴대학에서 일본 문학으로 박사 학위를 받은 킨유안 레이. 유학생 신분으로 박사 학위 논문 자료를 수집하러 도쿄에 왔고 내 수업에 2년 정도 참가했다. 꿈은 다큐멘터리 영화를 찍는 것이었다. 문제는 수익성이 좋은 주제가 아니었다. 애초 돈벌이는 머릿속에 들어 있지 않았다. 그는 대학교수가 될 생각이 없다면서 베를린에 가겠다고 선언했다. 설마 했는데 정말 이주를 결행했다. 베를린 장기 체류를 위한 비자는 프리랜서 비자(일명 아티스트 비자)였다. 독일 등 일부 유럽 나라에서는 예술가들에게 재류 비자를 허가하고 지원한다. 물론 현지 생활이 가능하다는 잔고 증명 등이 필요하다. 그렇긴 해도 비자를 유지할 때, 자금을 유치해 영화를 찍겠다는 미래 계획을 독일 정부가 용인한다는 점이 흥미로웠다.

영화 경험이 전무한 레이에게 투자하겠다는 사람은 나타나지 않았다. 2018년 가을, 우리는 베를린에서 다시 만났다. 온종일 베를린 거리를 걸으며 많은 이야기를 나눴다. 그는 상황이 아무리 어려워도 단념할 마음이 없어 보였다. 허무맹랑한 꿈이라는 주변의 말을 흘려들으며 씩씩하게 다큐멘터리를 준비했고 상하이를 오가면서 투자자 찾기에 여념이 없었다. 2021년 가을, 결국 레이는 영화를 완성했다. 3평 남짓한 전자 상가를 운영하는 이민자 부모를 둔 '하오하오'와 '조우조우' 자매가 마치 유령처럼 장소를 배회하며 펼쳐지는 이야기로, 각종 영화제에 초청됐다. 2022년 9월, DMZ국제다큐멘터리영화제에서 '도망친 사람이 유령이다'란 제목으로 아시아에서도 상영회를 시작했다. 너무나 놀라웠다.

지금은 세계적 명문인 홍콩성시대학 조교수가 되어 여전히 중국과 베를린을 오가며 다음 작업을 준비 중이다. 만약 레이가 같은 이유로 도쿄 체류를 희망했다면 오래전에 국외 추방을 당했을지도 모른다. 다큐멘터리 준비 또한 어림없다. 그에게 독일 이주는 신의 한 수였다. 존립 위기에 처한 인문학 영역에 속한 내가 일본판 레이를 만날 수 있을까? 그런 꿈이 이어가도록 응원해줄 수 있을까? 국가가 제도를 바꾸지 않겠다는데……. 나는 무엇을 어디까지 할 수 있을까? 내게는 큰 과제다.

킨유안 레이 감독의 〈The One Who Runs Away Is the Ghost〉 포스터.

🌸 유명 문학상은 작품성으로만 주어질까?

　일본어 소설가로서 안정된 삶을 원하는 소설가 지망생은 아쿠타가와상을 꿈꾼다. 그러나 혼자 힘으로 후보가 되고 수상까지 이르는 경우는 매우 드물다. 대부분 신인은 좋은 편집자를 만나 같이 뛰어야 한다. 후보작에 오르도록 소설 분량을 조절하고 적절한 시기를 골라 게재해주는 편집자를 만나 그들이 요구하는 상품성 있는 글쓰기 수업을 견뎌내는 인내와 열의 없이 '개천에서 용 나기'는 매우 힘들다. 특히 유명 문예지의 노련한 편집자 눈에 드는 것이 중요하다.
　이 과정을 거쳐 탄생한 각종 문학상 후보작을 질적

으로 평가하기란 쉽지 않다. 도드라지게 뛰어난 작품도 있지만 대부분 고만고만한 수준을 유지해서다. 일본 미디어를 연구하는 나는 "문학상도 출판 자본에 의한 자본주의적 투기 산물"이라고 한 고노 겐스케의 의견에 동의한다. 가끔 불순한 동기가 가득한 거대 광고를 접하기 때문이다.

스물두 살에 체득한 일본어로 쓴 소설

2008년 8월 10일, 아사히신문(조간)에 게재된 잡지 『분게이슌주』 광고를 보고 깜짝 놀랐다. 이 광고 게재 이틀 전 8월 8일, 베이징올림픽 개막식이 열렸고 미디어는 '중국+올림픽' 보도로 들끓었다. 그리고 아쿠타가와상, 나오키상을 수여하는 『분게이슌주』는 곧 나올 9월호를 선전하기 위해 전면 광고를 실었다. 같은 날 마이니치신문, 요미우리신문, 니혼게이자이신문 등 주요 신문에도 평소보다 두 배나 큰 광고를 게재했다. 당시 『분게이슌주』는 매달 10일이면 주요 조간신문과 지하철 차량마다 승객들 눈높이에 맞춰 천장걸이 광고를 했다. 그런데 이날은 신문 광고가 여느 때보다 세 배 이상 컸고, 모든 광고에 아쿠타가와상 수상자 양이 사진을 도드라지게 내

보였다. 또 내가 사는 도쿄 주택가 작은 서점조차 입구에서 양이 등신대가 손님을 맞았다.

이게 뭐지? 종합잡지로서는 보기 드문 대대적인 이 광고들은 『분게이슌주』에 아쿠타가와상 수상작 전문이 게재되었음을 알리기 위한 것이었다. 원래 『분게이슌주』가 아쿠타가와상 수상작을 수록할 때 광고를 크게 하지만 이렇게까지 요란스럽지는 않았다. 무라카미 하루키도 아니고, 무명작가 얼굴 사진을 들이밀며 한국의 『신동아』와 비슷한 성격을 띤 잡지가 적극적으로 광고를 하니 놀라지 않을 수 없었다.

아쿠타가와상 수상작으로 선정된 양이의 「시간이 스며드는 아침」은 아사히신문을 비롯하여 일본 대표 미디어의 비상한 관심을 끌었다. 양이는 1964년 중국 하얼빈에서 태어났다. 스물두 살에 도쿄로 유학 오기 전까지 일본어 교육을 전혀 받지 않았고, 오차노미즈여대 교육학부에서 지리학을 전공했다. 「시간이 스며드는 아침」은 20대에 체득한 일본어로 쓴 소설이었다.

소설 쓰기에는 고난도 표현 능력이 필요하다. 문법적·어법적으로 바른 표현이 환영받는 외국어 교육 세계와 다른 가치 평가를 하더라도 양이의 발음과 억양은 원어민과 많이 다르다. 그런데 그게 그렇게 중요한가? 일본은 한국만큼이나 단일 민족, 단일 언어 중심의 사고를 하는 곳이다. 그러나 이 소설에 등장하는 많은 외국인 출신 일본어 표현 예술가들의 발음과 억양이 그들 활동에 장애가 되는 경우는 없었다.

등단한 지 1년도 채 되지 않는 신인 작가 양이의 아쿠타가와상 수상은 세간에 화젯거리를 제공할 만한 요소를 두루 갖추고 있었다. 당시 소설가로서 양이가 공식 발표한 작품은 중편 두 개에 불과했다. 두 작품 모두가 일본의 권위 있는 문학상을 받는 행운을 누렸다. 2주 만에 단숨에 써 내려갔다는 첫 소설「강아지」는 아쿠타가와상 후보에 올랐고 분가쿠카이신인상을 수상하였다.

분게이슌주사로서는 2004년 가네하라 히토미와 와타야 리사가 사상 최연소 수상 기록을 갱신하면서 천재 소녀라는 부가가치를 이용해 잡지『분게이슌주』를 90만 부 이상 판매한 기억이 생생했을 것이다. 2002년부터 2004년까지 시마모토 리오, 구로다 아키라, 사토 도코마 등 여고생 작가가 각종 문학상 후보로 오르며 각광받았고 와타야 리사가 정점을 찍었다. 독자 생태를 잘 파악해 유행을 만들어내고 그들이 질리기 전에 다른 신선

함으로 승부를 봐야 하는 것은 순문학도 마찬가지다. 즉 '여고생' 붐이 흐지부지된 이후 여고생의 프로 작가 데뷔가 사그라지고 문학상 수상작 후보에 올라오지 않는 것을 보면 문학상을 순수한 시각으로만 바라보기 어렵다.

출판사가 만들어낸 오리지널 상품

양이는 일본에 온 처음 2년간 일본어 학교를 다녔다. 이 시기에는 일본어를 사용하는 일을 할 수 없어서 컴퓨터 조립 공장이나 접시 닦이 알바를 했다. 오후 5시부터 아침 8시까지 공장에서 묵묵히 조립 작업을 끝내고 일본어 학교를 갔기 때문에 일상에서 일본인과 일본어로 말할 기회는 거의 없었다. 라디오가 유일한 일본어 듣기 선생이었다고 회상한다. 대학 졸업 후에는 섬유 관계 회사와 일본에 거주하는 중국인을 대상으로 하는 중국어 신문사에서 근무하다가 중국어 교사를 했다. 그 사이에 일본인과 결혼했으나 10년 만에 이혼했다. 아이가 둘 있었다. 일본에서 생존하기 위해 소설가가 되기로 했다. 중국어 교사만으로는 생계유지가 안 되었기 때문이다. 투잡을 뛰어야 하는데 중국어 교사는 일하는 시간이 불규칙해서 근무 시간이 일정한 다른 일은 할 수 없었다. 그래서 비는 시간에 틈틈이 소설을 쓰기 시작했다.

일본 출판계에 인맥이 없던 양이는 어떻게 문학상 후보에 오를 수 있었을까? 일본 유명 문예지 지면을 어떻게 확보할 수 있었을까? 순문학 시스템은 매우 보수적이고, 검증 안 된 저자를 인터넷에서 발견해 바로 데뷔시키는 시절도 아니었다. 소설가 오노 마사쓰구와 나눈 대담에서 양이는 데뷔작 「강아지」를 다 쓴 뒤 어디로 보내야 할지 몰라서 3년 정도 묵혀둔 채 고민했다고 말한다. 그러던 어느 날 우연히 알게 된 『분가쿠카이』라는 유명 문예지 신인상 공모에 응모했다고. 주제 파악을 못 하는 인간은 아니어서 무척 망설였지만 달리 방법이 없었단다.

나는 이 부분을 읽는 순간 식민지 시대 장혁주의 데뷔 과정을 떠올렸다. 장혁주는 1932년 데뷔하기 전까지 대구에서 초등학교 교사를 했고 식민지 조선에서 공식적인 문학 활동을 한 적이 없었다. 갑자기 나타나 일본 제국 대표적 출판 자본이던 가이조샤가 주최하는 '가이조 현상 창작 공모'에 당선되어 제국 일본 문단이 가장 주목하는 신인 작가로 발돋움했다. 장혁주 당선 다음 해인 1933년 『가이조』 4월호에 제6회 당선작이 발표되었다. 심사를 담당했던 편집부는 그해 응모작 경향을 밝히

좌〉 당선작인 「아귀도」는 장혁주 사진과 함께 게재됐다.
우〉 1932년 3월 21일 오사카아사히신문에 게재된 『가이조』 광고.
장혁주 이름은 당대 인기 작가 고바야시 다키지, 사토 하루오, 세리자와 고지로,
마사무네 하쿠초를 좌우로 거느리고 한가운데 가장 눈에 띄는 자리에 놓였다.

면서 "작년 장혁주 군의 입선에 자극을 받았는지, 조선에서 날아온 응모작이 굉장히 많았다"고 썼다.

장혁주는 현상 원고 입상자를 상대로 한 설문 조사인 '가이조 현상 창작의 기억'(『문예통신』 1935년 3월호)에서 응모 동기에 대해 다음과 같이 말했다.

> 어떻게 하면 문단에 나올 수 있을까? 문단에 아는 이가 단 한 명도 없던 내게 이것은 실로 답답한 고민이었다. 이런저런 글을 읽고 현상이나 동인지를 통해 인정을 받

아야 한다는 걸 알아냈지만 먼 곳에 살고 있으므로 동인지 가입은 단념했다. 그래서 현상에 응모하기로 결심한 것이 스물여섯 살 때다. 그해 봄 세리자와 씨의 「부르주아」를 읽고 이 정도라면 나도 당선할 수 있다는 자신을 가졌다. 자신감 과잉이었던 것 같다. 바로 희곡을 써서 『가이조』에 응모했으나 보기 좋게 낙선했다.

나는 화도 나고 실망도 했지만 「아귀도」를 서너 번 고쳐 썼다. 그것으로 당선했을 때 솔직히 꿈만 같고 믿어지지 않아 실제로 잡지가 나올 때까지 몇 번이나 당선 통지를 되풀이해 읽었다.

당시 문단에 아는 이가 없는 장혁주와 같은 작가 지망생이 등단하려면 현상 소설에 응모할 수밖에 없었다. 일본 출판 시장에서 현상 공모를 통한 신인 데뷔는 1927년경 시작된 장혁주가 응모한 가이조 현상 창작 공모가 유일했다. 이 시기는 출판 불황이 극심한 때였고 유명 작가 추천도 약발이 안 설 정도로 신인 등단은 절망적이었다.

가이조 현상 창작 공모는 신인들에게는 거의 불가능하리라 여겨졌던 등단의 길을 열어줬다. 뿐만 아니라 세리자와 고지로처럼 상금으로 일본 최고 휴양지인 가루이자와에 별장을 산 당선자가 등장할 만큼 막대한 상금까지 보장됐으니 생활고에 시달리던 작가 지망생에게는 대단히 매혹적이었으리라. 이러한 획기적인 이벤트는 일반 독자들 관심을 모으기에 충분했다. 출판업계에 군림하던 가이조샤가 내놓은 불황 타개를 위한 새로운 기획이었다.

가이조 현상 창작 공모의 절대 조건은 완전한 신인이었다. 어디에도 알려진 적 없는 신인을 발굴하여 이력과 사진을 함께 게재하는 게 원칙이었다. 이러한 논리 속에서 "예술이 부재한" 식민지로부터 세상에 나온 장혁주는 가이조샤가 만든 오리지널 상품으로 등록되었다.

> 금년도 최대의 기쁨은 조선 청년 작가 장혁주의 역작을 얻었다는 것이다. 이는 아마도 조선 작가로서는 우리나라(일본 제국) 문단에 웅비하는 최초의 인물이 될 것이고 또한 넓게는 세계를 향해 조선 문학의 존재를 힘차게 주장하게 될 것이다.

이는 『가이조』가 군림하는 제국 일본 출판 시장 유통망을 통해 자신들이 만들어낸 '조선 문학'을 수출하여

『NIPPON』 26호(1941년)에 실린 최승희.
당시 최승희는 일본을 대표하는 최고 무용가였고 그가 애용하는 점을 강조한
화장품, 백화점, 약 광고가 등장할 만큼 인기 스타였다.

수익을 얻겠다는 뜻이다. 당시 히트 제조기로 유명했던 가이조샤의 카리스마 사장 야마모토 사네히코가 1933년 일본에서 조선 무용으로 주목받기 시작한 최승희의 최대 후원자였다는 사실과 나란히 놓고 보아야 한다.

장혁주와 같은 시기에 일본 제국을 대표하는 스타가 된 최승희의 '조선 무용'을 둘러싸고 일본 미디어는 스승인 이시이 바쿠가 만들어낸 '일제-국산(和製)' 문화 상품이라는 표상을 부여한다. 지금과 다른 의미의 K문화 콘텐츠인 셈이다. 즉 가이조샤의 의도만으로 해석할 경우 '장혁주'의 '조선'이라는 부가가치가 제국 일본 출판 시장

에서 빛을 발하는 것은 '일제-국산'을 표상하는 일본 수출 상품이기 때문이다.

예나 지금이나 신인에게 문학상은 전업 작가가 되기 위한 최고의 기회이고, 때때로 일본 문화 권력과 전혀 인연이 없는 일본어를 외국어로 배운 이들을 스타로 만든다. 출판 자본에게 그들이 매력적으로 보이는 시기를 잘 포착한다면 말이다.

베이징올림픽과 아쿠타가와상 수상

양이의 광고로 다시 돌아가보자. 커다랗게 확대된 그의 얼굴 밑에 새겨진 광고문에 주목해보자.

천안문, 애국 데모 그리고 도쿄
일중을 무대로 격동의 청춘을 산다

2008년 베이징올림픽은 티베트 독립운동 과잉 진압 등이 큰 이슈가 되었다. 서구에서는 중국에 대한 민주화 요구가 강했고 보이콧 운동이 시작된 상태였다. 중국 인권 문제가 강하게 거론되던 시기, 양이의 소설은 천안문 데모 때문에 해외 망명을 해야 했던 네 젊은이들이

10년 뒤 도쿄에서 재회한다는 내용을 담고 있었다. 당시 중국에서는 양이의 아쿠타가와상 수상을 크게 보도했지만 소설 내용은 소개하지 않았다.

아쿠타가와상 광고 오른쪽 아래편에는 '베이징올림픽 일중 대논쟁'이라는 대담이 게재된다. '테러와 폭동, 계엄 속에서 개막'이 되었다는 부제를 달고 있다. 이 논의는 일본 보수 논객들을 중심으로 전개된다. 중국을 향한 민주화 요구는 일본 내부에서 중국과 중국인에 대한 인종주의적 차별을 불러일으켰다. 이것은 작가 양이의 의도와는 별개 문맥이다.

일본어를 모어로 하지 않는 외국인 작가 양이의 탄생은 일본 문학이 국경을 열었다는 평과 함께 대환영을 받았다. 과거 장혁주처럼 양이도 일본어로 소설가가 되고자 하는 일본어가 모어가 아닌 이들에게 희망이 되었다. 한편으로 아쿠타가와상 수상작 과대 광고는 중국 인권 상황을 강하게 비판하는 미디어의 호의적 보도와 이에 공감하는 독자들이 소설 구매자가 되어주리라는 기대가 만들어낸 결과였다.

🌸 영어와 일본어의 대결

    1987년 내가 전남대 일문과에 입학한 시기는, 일본 경제가 정점을 향해 끝없이 고공 행진하던 때였다. 주변 어른들이 나의 일문과 진학을 기뻐한 것은 단순히 일본어가 한국어 모어 화자에게 쉬운 언어이기 때문만은 아니었다. 정보 전달이 느렸던 지방 도시에 사는 사람들조차 일본이 세계 최강 경제력을 가진 나라라고 생각했다. 일본어를 배워두면 장래에 도움이 되리라는 기대가 컸다.

    하지만 일본을 향한 감정이 결코 편하지 않던 시절이었다. 아주 드물게 버스 안이나 커피숍, 포장마차에서 갓 배우기 시작한 일본어를 섞어 장난스러운 대화를 하다가 폭언이나 폭행을 당하기도 했다. 피해자는 모두 여학생들이었다. 그리고 취기가 오른 남성들의 소행이었다. 이런 일은 1992년 서울에서도 일어났다. 경희대 일문과 조교를 할 때, 학부 여학생이 일본어로 말했다는 이유로 버스에서 폭행을 당해 입안을 꿰매었다는 얘기를 들었다. 당시엔 일본어 사용이 증오 범죄의 대상이 되곤 했다.

일본어가 통용되던 시대

또 일본에 입국할 때 한국 젊은 여성들은 어려움을 겪었다. 이러한 입국 시 문제는 한국 여성들의 접대 노동과 깊은 연관이 있었다. 1994년 4월 유학 생활을 시작할 즈음 일본 경제는 버블 붕괴로 하강에 접어드는 상황이었음에도 여전히 기업 접대 문화가 존재했기에 화려한 풍속업이 유지됐다. '한국', '젊다', '여자'라는 세 단어가 조합되면 유학 비자를 받았더라도 유흥업 종사를 위해 위장 취득했다고 의심을 받았다. 일본 입국 수속을 편하게 하고 싶다면 화장기 없이 티셔츠와 청바지를 입고 가라는 말을 자주 들었다.

1970~1980년대 한국과 일본에서 큰 문제가 되었던 것은 일본 남성의 일명 '기생 관광'이었다. 특히 1970년

대 박정희 정권이 기생 관광을 유치했다는 이야기는 유명하다. 일본 여성 운동가들이 거세게 비판했음에도(기생 관광을 다룬 기사는 1990년대까지 등장한다) 엔의 위력은 아시아 여성 신체에도 영향을 미쳤다. 20대 중반, 도쿄살이 첫발을 내딛을 무렵 한국에서 온 독신 여성을 둘러싼 편견은 상당했고 유흥업 종사 여성들 인권은 사각지대였다. 젊은 한국 여성으로서 일본어를 배우는 일이 때때로 서럽게 느껴지기도 했다.

일본 경제의 상승 곡선을 따라 일본어와 일본 문화에도 힘이 실렸다. 물론 예나 지금이나 가장 힘센 언어는 영어다. 영어 사용자는 어느 지역에 가더라도 거침없이 영어로 말을 건다. 현지인이 영어로 대답하지 못하고 머뭇거리거나 도망가면 그들을 무시하고 비웃기도 한다. 상대의 언어 환경을 이해하려고 노력하지 않는달까.

이젠 상상할 수조차 없지만 90년대까지 일본어가 통용되는 나라가 많았다. 일본인 관광객이 몰리는 지역의 호텔과 관광 안내소에는 일본어가 가능한 전담 직원이 상주하는 등 일본어만 할 줄 알면 별 불편 없이 여행을 다녔다. 해외 일본학에 대한 일본 정부 지원도 막강해서 세계 곳곳에서 일본학 관련 회의가 개최되었다. 영어만큼은 아니지만 일본어 사용자도 일본어 통용을 당연시하거나, 만약 아니더라도 강한 엔화로 현지 통역을 고용하면 그만이라고 생각하던 시절이었다. 일본 내에서 영어가 통하지 않음을 비하하는 이들이 적지 않았지만 역으로 영어 없이도 먹고살 수 있다는 자신감이 넘쳤다.

특히 중간계층은 영어 강박이 심하지 않았다. 내가 근무하는 니혼대학은 일본 최대 규모를 자랑하는 대학이다. 1년 예산도 학생 수도 일본에서 가장 많다. 매년 발표되는 '전국사장출신대학' 통계를 보면 늘 1등으로 타의 추종을 불허한다. '상장기업사장출신대학' 순위와 비교해보면 중견기업 사장 수가 많다는 의미다. 2010년에 내 세미나에서 졸업논문을 쓰고 졸업한 학생이 작년에 중견기업 사장이 되었으니 이 통계에 포함되어 있을 터. 대

순위	전년도	대학명	인원
1	1	니혼대학	20,248
2	2	게이오기주쿠대학	10,617
3	3	와세다대학	10,420
4	4	메이지대학	8,195
5	5	주오대학	7,400
6	6	호세이대학	6,011
7	7	도카이대학	5,861
8	8	긴키대학	5,767
9	9	도시샤대학	4,945
10	10	도쿄대학	4,319

2023년 전국사장출신대학(도쿄상공리서치 조사 자료)

다수 학생이 중견기업에 취업하기에 소위 미래 중간계층이 우리 대학에서 탄생한다고 해도 과언이 아니다.

그런데 취업을 준비하면서 특별히 신경 써서 영어를 공부하는 학생을 본 적이 거의 없다. 공무원 시험에서나 필요하다는 인식이 지배적이다. 내가 국문학과 선생이기 때문일지도 모르겠다. 국문학과 지망 이유를 물어보면 대부분이 "외국어 공부가 싫어서"라고 대답한다. 당연히 외국어 공부를 하지 않고도 무사히 졸업하고 별 문제없이 취업한다. 영어 능력이 취업의 필수 요건이 아니라는 말이다.

잃어버린 30년 시대 외국어

2000년대 한국어 강의를 했던 다이닛폰인쇄 수강생 중에 일본 명문대 출신 영업직 신입 사원이 있었다. 대기업이고 본사 근무를 하는 사람이라 응당 영어를 잘하리라고 생각했기에 강의 초반 한국어 발음을 알기 쉽게 설명하려고 영어 발음기호를 사용했다. 일본어는 기본 모음이 '아/이/우/에/오' 다섯 개뿐이라 한국어 모음 설명을 위해서는 영어 발음기호가 효과적이었다. 하지만 도중에 포기하고 말았다. 그 직원분에게는 영어 발음기호조차 통하지 않았다. 본인 말로는 미식축구 특기생이어서 외국어는 잘 모른다고 했다. 한국어가 그에게는 자발적으로 배우는 첫 외국어였다. 본인도 그의 동료들도 전혀 창피한 일이라 여기지 않았다.

수업을 같이 듣던 인사과 직원분과 잡담을 나누다가 "대기업이고 외국과 거래가 잦은 다이닛폰인쇄인데, 입사 조건에 영어 능력 테스트는 없냐"고 물은 적이 있다. 그랬더니 그분은 국내 영업직을 뽑는데 왜 영어 능력이 필요한지, 오히려 되물었다. 현재 상황은 모르지만 당시 다른 기업 인사 담당자 생각도 비슷했을 것 같다. 왜냐하면 우리 학부에서 대기업 취업이 가장 잘 되는 학생은 야구부 출신이었기 때문이다. 싹싹하고 양복이 어울리고 인내심이 강하다는 믿음이 운동부 출신(체육 특기생)의 가치를 높였기에 대기업에서 영업직으로 모셔갔다.

1990년대 초반 버블경제가 붕괴된 이후 일본 경제 상황을 '잃어버린 30년'이라는 말로 표현한다. 그러나 일반인이 생활 속에서 피부로 절감하기까지는 시간이 조금 더 걸렸다. 경제 위기는 외국어 침입을 통해 드러났다. 예컨대 2000년 말부터 2001년에 걸쳐 일본에서도 외국어 공포가 시작되었다. 이를 상징하듯 조지아커피

의 텔레비전 CF가 큰 화제를 모았다(유튜브로 '【吉本オールスターズ】 GEORGIAで行きましょう。「明日があるさ♪」CM総集編【全20種】'을 검색해 보면 광고 전편을 볼 수 있다).

조지아커피 광고는 전일본CM방송연맹 CM콩클에서 2001년도 대상/총무장관상으로 뽑혔다. 광고 주제곡인 〈내일이 있을 거야〉는 1963년 발표된 사카모토 큐의 노래를 우루후루즈라는 그룹이 가사를 바꿔서 2001년에 발표했고, 조지아커피 광고에 삽입되면서 CD가 50만 장 이상 팔렸다. 1년 동안 방영된 광고에서 당시 인기 절정이던 요시모토흥업 소속 개그맨 하마다 마사토시가 주연인 과장 역할을 맡았고 요시모토흥업 소속 인기 예능인들이 총출동했다. 가사를 조금씩 바꿔가면서 광고 스무 편이 만들어졌는데, 가장 화제가 되었던 것은 '새로운 상사' 편이다.

> 새로운 상사는 프랑스인
> 보디랭귀지도 안 통해
> 이것은 기회다 이것은 기회다
> 다시 공부하자
> 내일이 있다 내일이 있다 내일이 있을 거야

광고에 프랑스어로 진행되는 회의에서 쩔쩔매던 과장이 퇴근 후 프랑스어 학원에서 수업을 받는 장면이 나온다. 같은 교실에는 그 회사의 젊은 직원들이 앉아서 어설프기만 한 과장의 모습을 보며 낄낄 웃어댄다. 버블경제 수혜 속에서 별걱정 없이 살아왔던 평범한 일본 기업 중간 관리자를 상징하는 과장은, 일본의 기세가 추락한 이후에 벌어지는 새로운 상황에 적응을 못 하고 어리바리하게 행동한다.

해외 출장 편을 보자. 해외 기업인들과 교류하는 파티에서 외국어를 한마디도 못 하는 탓에 파티장 한가운데 얼어붙은 과장이 클로즈업되며 "세계는 만만하지 않지만 이대로 포기할 수는 없다" "내일이 있다 내일이 있다 내일이 있을 거야"라는 노래가 흐른다. 마지막 장면에서 과장은 공항에서 굳은 결의를 하는 모습을 보인다. 당장 영어 학원으로 직행할 기세다. 절대로 조직에서 잘리지 않겠다는 처연한 결의가 느껴진다.

"새로운 상사는 프랑스인"은 당시 누가 보아도 버블 붕괴로 경영 위기에 처한 닛산이 르노와 자본 제휴를 한 뒤 최고집행책임자(COO)로 부임한 카를로스 곤을 연상시키는 설정이었다. 5개 국어를 구사하는 언어 능력자인 곤의 등장은 일본 경제의 총체적 위기를 상징하는 사건이었다. 그는 일부 공장 폐쇄, 자회사 통폐합과 매각을 통해 과감하게 사업을 재편했다. 또 조기퇴직제도를 도입해 대규모 구조 조정을 실시했다. 사내 공용어를 일어에서 영어로 바꾸고 글로벌 전략 회의를 개최해 유럽과 미국의 간부들을 출석시켰다. 닛산이 짧은 기간에 경영 정상화를 이루면서 사회적으로 영어 패닉이 일어났다.

외국어가 필요한 기업이 아니어도 괜찮아

이러한 일본의 경제 약체화가 영어 압박으로 표현되는 상황은 내가 속한 업계 즉 일본 문학 연구에서는 한자문화권의 위기, 일본어의 위기로 받아들여졌다. 대표적인 정론지인 『세카이』에서 저명한 일본 문학 및 문화 평론가이자 소설가인 가토 슈이치와 중국 문학 연구자로 잘 알려진 잇카이 도모요시가 '한자문화권의 미래'라는 대담을 했다. 시기는 조지아커피 광고가 유행하기 1년 전, 2000년 6월.

가토는 "자국의 문화적 근간, 기초, 아이덴티티를 지키기 위해서는 국제어의 무제한 진출을 이대로 좌시해서는 안 된다"고 발언한다. 이어 "중국과 한국, 일본 등 동아시아의 반(半)국제어이면서 필담이 가능한 한자를 부활시켜야 하는 게 아닌가"라고 제안한다. 가토는 의사 출신이고 프랑스 유학을 거쳐 캐나다와 미국 명문 대학 강단에 선 경험이 있고 비교적 열린 일본 문학을 추구해온 평론가였다. 그가 느끼는 위기의식은 사회적 공기에 대한 반응이었다.

일본어와 일본 문화에 대한 위기의식은 심화되었고 2008년에는 미즈무라 미나에라는 소설가가 쓴 『일본어가 소멸할 때: 영어 시대 안에서』라는 베스트셀러를 탄생시켰다. 미즈무라 미나에는 열두 살에 미국으로 건너가 영어권에서 성장했고 프린스턴대학에서 일본 문학 교수를 하던 시기에 일본어 소설을 쓰기 시작했다. 그런 그가 영어 공용화에 강한 위기의식을 피력했고 많은 독자로부터 공감을 얻었다.

글로벌리즘의 상징인 영어 침략을 한자문화권 부활로 방어하려는 작전은 실패로 끝났다. 니혼대학에도 영어 바람이 불었다. 대학은 경영 유지를 위해 문부성 시책을 완전히 거부할 수 없었다. 국문학과가 아닌 교양 전담 부서를 만들어 일본 문학을 영어로 강의하는 교수도 모셨다. 교토에서 태어나 교토에서 자란 프랑스 여성이었다. 일본어 네이티브로 초중고 교육은 교토에서 영어로 받았고 대학과 최종 학위는 프랑스 소르본대학에서 받았다. 영어와 프랑스어로 연구 논문을 썼고 학내 업무를 일본어로 처리하면서 강의는 영어로 했다. 또 훌륭한 연구 성과를 냈다. 매우 운이 좋았다.

나는 학내 업무 분담의 일환으로 국제교류위원회 활동을 한다. 한국학이 없는 대학이라 한국 대학과의 교류 협정을 주로 담당했다. 같은 위원회에 속한 동료 중에는 코로나19로 인해 모든 것이 온라인으로 전환된 것을 기회라고 생각하는 분이 있었다. 경제 형편이 어려워 해외 유학을 할 수 없는 학생들을 위해 해외 대학이 공개하는 온라인 수업 이용 방법을 소개하고 좋은 프로그램 목록을 만들어보자는 것이었다. 영어를 잘하지는 못하지만 여러 전공 선생과 협업으로 특별 프로그램을 운용하기 시작했다.

그런데 문제는 옴니버스 수업이었다. 인문, 사회계와 이공계 교수들이 협업해 영어로 체험하는 특별 강의였는데, 한 학기 열다섯 회 수업을 열세 명 교수가 분담해 각자 전공과 관련된 주제를 선택하는 식이었다. 나는 영어를 잘 못해서 어렵다고 거절했다. 처음에 강의 개발을 제안한 선생이 내놓은 대답이 걸작이었다. 영어를 잘 못하지만 해보려고 노력하는 선생 그 자체가 최고의 교육 효과라는 말이었다.

기대와 달리 수강생은 늘지 않았다. 정부는 글로벌 인재 양성을 외치지만 그들이 원하는 인재가 되지 않더라도 코로나19를 전후로 학생들 취업이 너무나 잘된다. 기업이 아쉬워 쫓아다니는 형국이다. 예전에는 4학년 4월에서 6월 사이에 취업 내정자가 나왔는데 요즘은 정부가 아무리 막아도 3학년 2학기에 취업 약속이 이루어진다. 많은 학생이 큰 월급을 바라지 않고 잔업이 없고 분위기가 좋은 기업을 선호한다. 그런 그들이 졸업하고 정식 출근을 하는 그날까지 많은 기업이 다른 기업에 학생을 빼앗기지 않도록 온갖 노력을 하는 상황이다.

나는 글로벌 기업에 취직해 세계를 돌며 활약하는 자화상을 그리는 학생들을 거의 본 적이 없다. 추구하는 행복과 가치관이 다르달까. 이들이 추구하는 행복의 조건에 영어 공부는 들어 있지 않은 것 같다.

🏵 한자문화권

　동아시아 역사를 이야기할 때 '대동아공영권'이라는 단어를 사용하면 '일제'의 침략사를 먼저 떠올린다. 일본어, 한국어, 중국어, 아니 세계 어떤 언어로든 기분 좋은 말은 아니다. 식민지 지배와 침략 전쟁을 경험한 지역뿐만 아니라 침략국이던 일본조차 '대동아공영권'이 들어가는 문장에는 일제에 대한 비판이 깊이 스며 있다.

　그런데 참 이상하다. '한자문화권'이라는 단어를 사용하면 상호 문화 교류적 측면이 부각된다. 한자의 전파는 불교 문화와 유교 문화의 이동 경로를 연상하는 경우가 많아서 일본을 우위에 놓지 않는다. 불교도 유교도 일본은 문화적 전달 과정에서 맨 끝자락에 위치한다. 그래서인지 한자문화권이라는 단어 조합을 통해 일본의 침략사를 연상하는 이들은 거의 없다.

한자문화권이 아닌 한자권

'한자문화권'은 1960년대 일본 언어학자 가메이 다카시가 만든 조어라고 한다. 도쿄에서 만난 중국 출신 연구자 린샤오양은 '한자문화권'이라는 말 사용에 섬세한 주의가 필요하다고 강조했다. 그는 '한자문화권'보다는 '한자권'이라는 말을 써야 한다고 했다. 왜냐하면 '한자문화권'이라는 말이 동아시아 지역의 미묘한 차이를 은폐하고 일본 식민지 지배의 기억을 가리기 때문이라는 설명이었다. 철저하게 의식적이라 하기는 어렵지만 일본에서 한자문화권이라는 단어를 선호하는 이유는 부담스러운 과거사와 거리 두려는 태도와 관계있다고 봐야 한다.

아무튼 호기심에 챗GPT에게 구글에서 한자문화권이 몇 건 검색되는지 물었다. 2024년 10월 17일 검색 결과를 보면 한국어는 약 49만 5천 건, 일본어는 약 187만 건, 중국어는 약 56만 7천 건이 나왔다. 중국 최대 검색 사이트 '바이두'는 챗GPT가 검색을 못 한다면서 직접 검색해보란다. 지금 내게 중요한 것은 정확한 숫자가 아니다. 어느 언어권에서 이 단어를 많이 사용하는지 궁금했을 뿐이다.

이 결과는 일상 속 한자 인식과도 관련이 있을 것 같아서 대중들이 많이 보는 한국어 위키백과에서 한자문화권을 어떻게 설명하는지 찾아보았다. 이 단어가 동아시아 문화권을 가리키는 용어지만 현재 한반도에서는 한자 사용 필요성이 점점 줄어들어 한자를 모르는 한국인들이 대다수라고 했다. 틀린 말은 아니다. 한국 유학생들의 일본어 능력 변화를 보면서 이러한 한국 상황이 일본어 습득 방법에도 많은 영향을 미치고 있음을 느끼기 때문이다.

한국어가 모어인 사람이 다른 언어에 비해 배우기 쉬운 언어가 일본어라는 것은 누구나 아는 사실이다. 그렇지만 어느 정도 언어 능력을 원하는가에 따라 답이 달라진다. 간단한 관광 회화 정도라면 이제는 배울 필요가 없다. 휴대폰만 있으면 기계 통번역으로 충분하다. 상대에게 휴대폰 화면을 보이면 그만이고 요즘은 낭독도 해주니 관광이 목적이라면 어디에 가더라도 별 불편함이 없다.

일본어 발음으로 다시 익힌 한자

나는 중고등학교에서 한자와 한문 교육을 받았다. '서당개 3년이면 풍월을 읊는다'고 했던가. 성실하게 공부한 중학생 때와 달리 고등학생 때는 교실에서 숨쉬기 운동만 했는데도 간단한 초급 수준 한자는 읽을 수 있었다. 또 대학에서 유일하게 열심히 공부했던 수업은 일본어사였다. 일본어사를 담당한 교수님 수업이 무척 흥미로워서 계절학기에만 개설되던 일본어 한문 강독 수업까지 찾아 들었다. 계절학기 수강자가 워낙 적어서 직접 교수님께 첨삭을 받으면서 고전 한문 독해 기초를 다질 수 있었다.

순한글로 쓰인 한국 고전문학 독해를 잘할 자신은 없었지만 100퍼센트 한문이라면 오히려 편했다. 물론 말 그대로 조금 편한 정도였지 잘하는 편은 아니었다. 그때 한문이 동아시아 공용어임을 실감했다. 그런데 어설피 배운 한자와 한문 지식이 중급 일본어에서 고급 일본어로 이행하는 데 큰 장애가 되었다.

나는 한국과 일본에서 석사 과정을 두 번 거쳤기에 일문학 석사 학위만 두 개다. 한국에서는 석사 과정 졸업을 위해 전공 종합시험을 치러야 했다. 시험은 단순했다.

A4 용지가 무제한으로 공급되면서 일본 근현대 문학사를 아는 대로 다 쓰라는 것이었다. 제한 시간은 세 시간. 미리 일본 고등학교 문학사 교과서를 정리해 통으로 암기하기로 했다. 인명, 지명, 문학 사조까지 넘쳐나는 한자 대부분을 한국어 발음으로 외었다. 그 편이 더 빨랐다.

여러분도 이해할 만한 간단한 문장을 예로 들면…… "러일전쟁 전후는 자연주의 문학의 전성기였다"라는 일본어 문장을 "러일전쟁の전후는 자연주의 문학の전성기であった"라고 암기하면 한글 음가에 맞는 한자가 바로 연상되기에 "日露戰爭の前後は自然主義文學の全盛期であった"라고 쓸 수 있었다. 그렇지만 이 문장을 "니치로 센소노 젠고와 시젠슈기분가쿠노 젠세이키데앗타"라는 일본어로 발음하지는 못했다. 특히 한자 비중이 높은 학술 단어를 한글 음가로 외운 탓에 전공서는 이해해도 발음을 정확히 모르니 말하기 듣기가 제대로 될 리 없었다.

이 습관이 일본에서 대학원 공부를 할 때 문제가 되었다. 일본 문학 전공은 상대, 중고, 중세, 근세, 근현대로 세분화되어 있는데 석사 과정에서는 적어도 네 개 시대를 골라 학점을 따야 했다. 주로 고전 원문에 주석을 달고 현대 일본어로 번역하는 훈련을 받았다. 발표 자료를 만들기 위해서 많은 책과 논문을 읽어야 했다. 수업은 당연히 일본 중고등학교에서 고전 독해를 공부하고 '국문학과' 4년 동안 고전 원문에 익숙해진 학생들 수준에 맞춰서 진행되었다. 그들은 고등학교 국어 교사가 되거나 고전문학 연구자로 살기를 꿈꾸는 이들이었다. 교수님들은 연구자 훈련을 염두에 두고 수업을 하기에 유명한 작품보다 전문성 높은 필사본 판독 훈련을 엄하게 시켰다. 석사 과정 첫 1년은 근현대 문학보다 고전 학점을 따기 위해 고군분투하는 나날이었다. 선배와 동기의 도움이 없었다면 졸업도 못 할 뻔했다.

처음부터 공부해야 할 양이 너무 많아 한국에서 쌓은 한자와 한문 지식을 총동원했다. 일본어 발음을 일일이 확인할 시간이 없어 한국에서 하던 방식대로 한자는 눈으로 이해했다. 대신 발표 원고를 반드시 만들어서 글자 모두 일본어 발음을 확인했고 여러 번 낭독 연습 후 수업에 참가했다. 문제는 자유 토론이었다. 내가 충분히 공부한 내용도 일본어 발음을 몰라서 전달이 잘 안 됐다. 결국 한국어 기억을 지우기로 마음먹었다. 이미 아는 한자라도 일본어 발음을 확인하며 전부 다시 익혔다. 이런 고역이 없었다. 중국어가 모어인 유학생도 비슷한 어려움을 겪었다. 이것이 한자문화권 출신자가 일본 문학 연구자가 되기 위한 훈련 과정에서 겪는 큰 어려움이다.

멈춤, 삐침, 갈고리가 중요해

요즘 한국 유학생들은 고난도 한자가 나오는 텍스트가 주어지면 예전의 나처럼 일단 눈으로 이해하는 과정을 거치지 않는다. 비한자권 유학생들처럼 한자와 일본어 음가를 연결해서 외운다. 처음부터 한자를 외국어인 '일어'의 일부라고 여기고 일본어 발음을 확인하면서 익힌다. 입학 초기 독해 능력은 내 세대보다 현저히 떨어지지만 일단 감을 잡으면 일본 애니메이션과 드라마를 보며 몸으로 익힌 일본어(발음과 억양)와 조화를 이뤄 훌륭한 언어 능력을 발휘한다. 같은 한국어 모어 화자여도 한자 교육을 의무적으로 받은 세대와 그렇지 않은 세대 사이에는 일본어의 인식 방법과 학습법에 큰 차이가 있다.

지금은 오히려 모든 일본어 문장을 일본어 발음으로 읽는 쪽이 편하다. 한국어로 발음 못 하는 한자도 많아졌다. 그렇다고 한자가 완전히 편해진 것은 아니다. 어설픈 한자 지식 때문에 나는 또 다른 어려움을 겪었다. 한자를 바르게 쓰지 못하는 게 큰 약점이 되었다. 처음에

버릇이 잘못 잡히면 수정하기는 너무나 어렵다. 한국에서는 필순과 균형을 비교적 중시하는 것 같다. 일본에서는 '멈춤(とめ)', '삐침(はね)', '갈고리(はらい)'의 정확도가 매우 중요하다.

일본은 한국 수능에 해당하는 대학입학공통테스트가 있다. 국립대와 달리 사립대는 이 테스트를 통한 선발 비중이 높지 않은 편으로, 많은 대학이 독자적으로 입시 문제를 출제한다. 특히 '국어'는 인문계 필수과목으로 지정된 곳이 많다. 대학원 시절 입시철이면 국어 문제 채점 아르바이트가 최고 수입원이었다. 나는 매년 모 대학 상학부의 한자 시험 문제 채점을 담당했다. 주어진 설문을 읽고 바른 한자 숙어를 손 글씨로 적는 문제를 세 개 정도 출제하는 곳이었다. 그곳 채점 기준은 엄격해서 수험

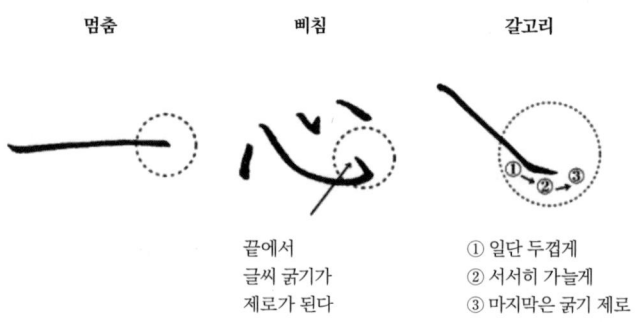

멈춤 　　　　삐침 　　　　갈고리

끝에서
글씨 굵기가
제로가 된다

① 일단 두껍게
② 서서히 가늘게
③ 마지막은 굵기 제로

생이 예쁘게 균형 잡힌 모양을 만들더라도 '멈춤', '삐침', '갈고리'가 정확하지 않으면 0점 처리를 했다. 채점자 책상에는 확대경이 준비되어 판단이 어려운 글자는 출제한 교수들이 확대경으로 자세히 확인한 뒤 O, X 판정을 했다.

일본어 적응 지도원을 하면서 한자 교육에 많은 신경을 썼다. 일본 초등학교 교육과정은 입학 초부터 한자 교육을 철저히 했는데, 교재 역시 '멈춤', '삐침', '갈고리'에 관한 주의 사항을 강조했다. 학위 취득을 하고 대학에서 시간강사를 시작하면서 일본 문학과 학생들 앞에서 한자를 써야 한다는 것이 큰 스트레스로 다가왔다. 2000년대 초반은 PPT 사용이 일반화되지 않아서 칠판에 글씨를 써야 했다.

중고등학교 국어 교사 자격증을 취득하기 위해서는 서도가 필수과목으로 지정이 되어 있다. 교직과정 이수를 하지 않아도 초등학교 시절부터 '멈춤', '삐침', '갈고리'를 강조하는 교육을 받은 학생들은 필순보다 이것에 더 민감했다. 학생들은 아무 말도 하지 않았지만 내 한자를 채점하는 게 느껴졌다. 명색이 국어 선생인데 기본은 해야겠다 싶어 구몬에서 운영하는 펜글씨 교실에 등록해

3년 동안 다녔다. 수업 동기는 초등학교 저학년 학생들. 일주일에 두 번 정도 교실에 가서 한 시간 글씨를 쓰면 선생님께서 빨간 펜으로 교정을 해줬다.

구몬 교재는 체계적이어서 꽤 도움이 되었다. 초등학생 동기들에게 "아줌마, 글씨 정말 못 쓰네"라는 놀림을 받았고 이 녀석들이 소문을 내고 다닌 덕분에 이웃의 많은 분이 알게 되었다. 다들 열심히 하라고 격려까지 해줬다. 우리 동네, 장한 외국인 탄생이다! 물론 지금도 '멈춤', '삐침', '갈고리' 스트레스는 여전하다. PPT로 수업 진행이 가능한 세상이 되어 얼마나 다행인지 모른다. 그렇지만 수업 첫 시간만큼은 내 이름을 칠판에 한자로 쓰고 이름 발음법을 히라가나로 쓴다. 새 학기 첫 수업을 위한 내 나름의 의식이다. 수없이 써본 이름이지만 첫날 나는 꼭 구몬 교실에서 쓴 글씨를 보면서 '멈춤', '삐침', '갈고리'를 확인한다.

당시 나는 이미 박사 논문을 취득했고 도쿄 여러 대학에서 일본 근현대 문학을 일본 문학 전공자에게 강의했다. 그렇지만 내가 쓰는 한자는 구몬 교실 동기생인 초등학교 저학년 아이들과 비슷한 수준이었다. 매 학기 수업 첫날 나는 구몬 교실에서 초등학생과 더불어 기초 교육을 받았던 기억을 떠올린다. 내 수업=배움은 여기서 다시 시작해야 한다고 믿기 때문이다.

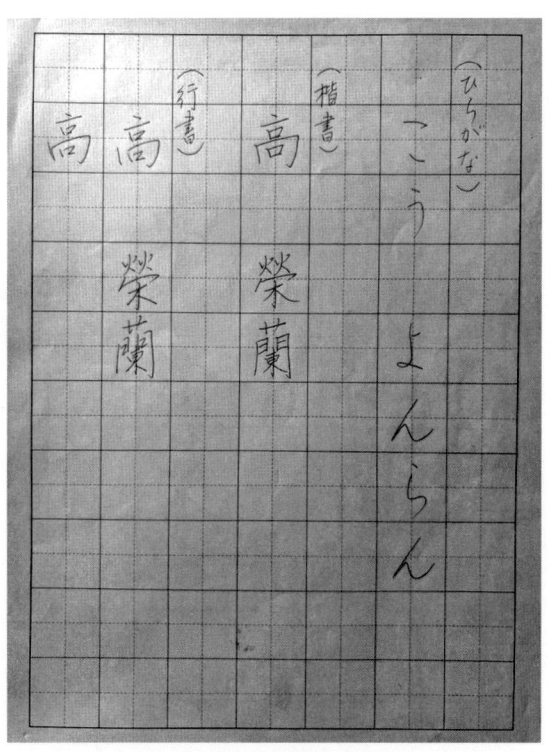

구몬 교실 입학 첫날, 선생께서 써준 내 이름.

언어를 둘러싼 차별

글자 배우기 운동과 헤이트 스피치

외할머니의 한국어에는 일어 단어가 뒤섞이곤 했다. 대학에서 일본어를 배우면서 알게 되었다. 어린 시절 나는 '사라(접시)', '다비(양말)'가 전라도 방언이라 굳게 믿었다. '쇠때(열쇠를 뜻하는 전라도 방언)'처럼 너무나 자연스럽게 외할머니 말에 녹아 있었기 때문이다. 외할머니도 일본어라는 의식 없이 사용했지 싶다.

일제 시대 전라도 시골 마을에서 자란 외할머니는 같은 세대 많은 여성처럼 보수적인 아버지가 학교 교육을 허락하지 않은 탓에 한국어도 일본어도 교육 시스템을 통해 배우지 못했다. 외할머니가 이모할머니에게 아들만

고등교육을 시킨 아버지를 원망하는 소리를 들은 적이 있다. 여기에 아들을 낳지 못한 서러움까지 겹쳐 외할머니는 아들 중심 세상에 복수하듯 누구보다 다섯 딸 교육에 열심이었다.

표준어라는 이름으로 학교 교육을 통해 전파되는 국가어를 명확히 인식하고 두 개 이상 언어를 상황에 맞춰 분리 사용하기까지 많은 시간과 노력, 특히 강제적 교육이 필요하다. 만약 외국 생활이 길거나 외국어 공부를 오랫동안 한 사람이 모어와 외국어를 마구 섞어 사용한다면 과도한 자기 연출이거나, 조절하기 어려울 정도로 언어 능력 편차가 상당하거나, 양쪽 언어 경계를 의식하는 생활환경이 아니거나, 외할머니처럼 학교라는 공간에서 언어 규범을 배울 기회를 갖지 못했기 때문일 수 있다.

언어를 둘러싼 차별

나는 1990년대 후반부터 2000년대 중반까지 사정상 7년 정도 귀국하지 않았다. 일본 문학으로 일본인과 정면에서 토론이 가능한 능력을 갖추고 싶었기에 대부분 시간을 일어로 생각하고 일어로 쓰고 일어로 말했다. 지금은 후회가 막심하다. 그때 한국어를 많이 잊어버렸고 발음과 억양이 달라졌다. 나만의 독특한 한국어와 일본어로 말하는 이유다. 1990년대 후반은 아직 인터넷 세상이 되기 전이라 한국 영화는 신오쿠보(한국 상점 거리)에서 비디오를 사거나 빌려 보았다. 한국 신문이 일주일 정도 시간차를 두고 배달되던 시절이었다. 2005년이던가. 오랜만에 귀국한 나와 얘기를 나눈 가족, 친구, 지인이 모두 당황했다. 억양이 매우 이상하다고 했다. 나 또한 한국어로 말하고 싶은데 일본어 단어가 먼저 나오거나 한국어 문장에 일본어 표현이 두서없이 섞여 들어와 난감했다.

그래서 일본어 학습 경험을 살려 한국어 공부를 다시 해야겠다고 마음먹었다. 한번 잃어버린 언어 능력을 되돌리기란 쉽지 않았다. 10년 가까이 시간이 날 때마다 한국어를 공부했다. 한국어를 사용할 때 일본어 단어가 섞이지 않도록 하고 싶었다. 대신 악센트, 발음은 일체 신경 쓰지 않았다. 의사 전달이 목적이었기 때문이다. 양쪽 언어를 다시 분리해 사용하기까지 상당한 시간이 필요했다. 이런 내 행동이 언어를 둘러싼 차별 구조 아랫부분에 놓이고 싶지 않다는 의식의 발로였음을 나중에 알았다. 단일 언어 중심주의가 강한 지역(한국)에서 자라 역시 비슷한 차별 구조를 가진 지역(일본)으로 이동했기에 그것을 당연하게 받아들이고 말았다.

언어 잘하기 병에 걸린 나는 한 인간의 몸 안에서 한국어와 일본어가 어떻게 만나 어떤 표현을 만들어내는지 관찰하는 습관이 생겼다. 고령의 재일 여성들이 나오는 다큐멘터리를 찾아보았고 그들이 쓴 작문집을 수집했다. 우연히 문학 연구 변화와 맞물리면서 연구 대상까지 되었다. 교양 있고 학벌 좋은 남성이 쓴 소설 중심의 문학적 가치 평가 기준을 다시 묻고 소수자의 창작을 '문학'으로 읽으려고 시도하는 연구가 늘어났다.

저도 시대의 일부입니다

2019년, 문해력이 낮은 고령의 재일 여성들이 쓴 작문을 엮은 책이 잔잔한 파문을 일으켰다. 『저도 시대의 일부입니다: 가와사키 사쿠라모토 할머니들이 엮은 생활사』(강윤이·스즈키 히로코·단노 기오토 편, 니혼효론샤, 2019년). 편자인 강윤이 씨로부터 출판 크라우드 펀딩 개시 불과 한 달 만에 목표 금액인 140만 엔 모금에 성공했다는 이야기를 들었다. 출간 후 아사히신문, 요미우리신문, 마이니치신문 등이 잇달아 보도하며 화제가 되었고 일본 문학 전문 잡지에서 마침 서평 의뢰를 해왔다. 처음 책을 받았을 때 선연한 표지에 압도되어 잠시 책장을 넘길 수가 없었다. 연필을 꼭 붙잡고 일본어를 쓰는 주름진 여성의 손 위에 겹쳐진 '저도 시대의 일부입니다'라는 히라가나 문자. 그 손에 새겨진 주름 수만큼이나 많은 사람의 기억이나 추억이 일본어를 매개로 직조되어 있었다.

책의 발신지는 가나가와현 가와사키시 사쿠라모토라는 마을. 1920년 전후 식민지 지배로 인한 인구 이동에 의해 코리안 집합 거주 지역이 형성된 곳이다. 1970년대

『저도 시대의 일부입니다』 표지와 제1부 '기억' 편에 실린 서류순 씨가 손으로 쓴 글.
오야기 히로타케(大八木宏武) 촬영. 사진 게재를 허락해주신 오야기 선생님,
후레아이관(ふれあい館), 저작권과 초상권 해결에 도움을 주신
미우라 도모히토(三浦知人) 선생님, 강윤이 선생님께 감사드립니다.

본격화된 민족 차별을 없애려는 지역 활동이 1988년 후레아이관(ふれあい館 일종의 마을 회관) 개설로 이어졌는데, 주된 활동 가운데 하나가 글자 배우기 교실 운용이다. 『저도 시대의 일부입니다』는 그 교실에 참가했던 고령의 여성들이 그리고 쓴 그림과 문장을 엮은 책이다.

언어 학습이라고 하면 책상에 앉아 강의 듣기, 노트에 옮겨 적기, 단어 외우기, 받아쓰기를 연상하겠지만 후레아이관에서는 어르신들이 사교장 같은 분위기에서 대화를 중심으로 언어 학습을 진행한다. 손 글씨를 써도 좋고 그림을 그려도 좋다. 때문에 고령의 여성들이 기록한 작문에는 대화 중에 갑자기 떠오른 기억이 고스란히 담겨 있다.

책장을 한 장 한 장 넘기면 여성들이 손으로 적은 작

후레아이관에서 대화를 통해 즐겁게 언어를 학습한다. 오야기 히로타케 촬영.

문이나 그림이 펼쳐지고 그것들이 만들어지는 과정이 마치 녹취록처럼 재현된다. 그 문장들 아래로 어떤 상황에서 썼는지, 그 내용이 여성들의 개인사에서 어떤 의미를 갖는지 설명이 이어진다.

여성들 대부분은 1920년대 한반도에서 태어났다. 그녀들의 일본어는 엄격한 학교 교육 규범 아래 교정된 '올바른 일본어'와 달리 글자가 아니라 소리를 통해 오랜 세월 몸에 깊이 새겨진 언어다. 그렇기에 개개인이 놓인 환경에 따라 상당히 다른 모습을 보인다. 한반도 출신 지역과 일본 생활 터전의 억양이 뒤섞여 그녀들 역사를 대변한다.

글자 배우기 교실에서는 굳이 올바른 규범에 따른 문장 교정을 하지 않는다. 철자법이 틀려도 의미가 통한다면 일일이 고쳐 쓰게 하지 않는다. 교실에는 상하 관계가 명확해지는 '선생님'이 없다. '공동 학습자'라고 불리는 이들은 기억의 매개자 역할을 할 뿐이다. 단순한 언어 학습이 아니라 공동 학습자와 다른 수강생과 같이 자기 삶의 단편을 얘기하고 듣고 쓴다. 현실에 쫓기고 생활에 쪼들려 잊고 있던 한반도에서 보낸 소녀 시절을 떠올리는 이들이 많다. 자기 인생을 시간순으로 돌아보지 않

할머니들은 한복 차림으로
'전쟁 반대'가 적힌 현수막을
들고 거리로 나왔다.
오야기 히로타케 촬영.

고 어떤 기억이 또 다른 기억을 불러오기에 그녀들이 쓴 작문에는 시각과 청각 어느 하나의 틀에 갇히지 않는 다원적 역사가 드리운다.

그렇게 자기 역사 찾기를 하던 여성들이 2015년 9월에 전쟁 반대 데모를 기획했다. 당시 국회에서는 헌법이 금지한 집단 자위권 행사가 가능해지는 안전 보장 관련 법안 심의를 가결하려는 참이었다. 그녀들은 일본의 식민지 지배로 인해 원치 않는 전쟁에 휘말리고 차별을 당한 기억을 깊이 간직하고 있었다. 그리고 자신들이 경험한 역사가 되풀이되지 않기를 바랐다. "전쟁 반대", "젊은 이를 지켜라", "아이를 지켜라" 외치며 '처음으로 길 위에서 목소리를 높인 일'을 자랑스러워했다.

이로 인해 극우 인종 차별주의자들이 후레아이관으로 몰려들었고, 그녀들은 헤이트 스피치의 표적이 되었다. 인종 차별주의자들은 '일본 정화'라고 쓰인 횡단막을 선두로 "재일은 거짓말쟁이", "꺼져라(帰れ), 꺼져라! 너희가 꺼져라! (한)반도로"라는 플래카드를 든 채 "뒈져라, 죽어라" 마치 살인을 암시하는 혐오 발언을 쏟아냈다. 당시 일본에는 이를 막을 법이 없었다. '표현의 자유'라는 논법으로 버티는 인종 차별주의자들 주장을 살인 방조죄가 될 만하다고 반론하며 시민단체와 당사자들이 힘을 모아 2016년 헤이트 스피치 해소법을 이끌어냈다. 그 법이 가결되는 순간에 그녀들은 법정에 있었다. 사회를 바꾸기 위한 큰 동력을 만들어내는 순간이었다. 글자를 배우는 과정에서 생겨난 전쟁 반대 데모나 헤이트 스피치에 맞선 행동을 그녀들은 '축제'로 표현했다.

일본 사회에서 헤이트 스피치의 뿌리는 깊다. 역사를 거슬러 올라가면 관동대지진 때 조선인 학살 기억이 있다. 2000년대 전후까지는 한일 외교 문제가 기폭제가 되어 발생했다. 예컨대 한반도를 향한 불만이 일본 각지 조선학교 여학생에 대한 폭언과 폭행 형태로 드러났다. 여학생들은 조선 민족을 상징하는 치마저고리를 입고 등하교 한다는 이유로 타깃이 되었다. 민족 혐오와 여성 혐오가 복합된 폭력 사건이 줄을 이었다.

『증오하는 힘』의 저자이자 시민 활동가인 모로오카 야스코 변호사는 2000년대 인터넷이 보급되면서 헤이트 스피치가 급속히 퍼져나갔다고 말한다. 2002년 월드컵, 2003년 한류드라마 붐을 통해 관심 밖에 있던 한국 문화가 일본 사회를 관통하면서 헤이트 스피치가 강하게 가시화됐다는 설명이다.

2013년 즈음 극우 단체가 인터넷 공간을 벗어나 명백한 차별과 혐오가 난무하는 거리 시위를 벌이기 시작했다. 출판업계도 예외는 아니었다. 2014년에 일명 '헤이트 책'이라고 불리는 책이 베스트셀러에 속속 올랐다. '혐한 책'들이 넘쳐나는 상황에 자성을 촉구하며 헤이트 스피치와 배외주의에 가담하지 않는 출판인 모임이 결성되었고, 『NO 헤이트! 출판 제조자의 책임을 생각한다』라는 책이 출간되는 등 한동안 심각한 상황이 계속되었다.

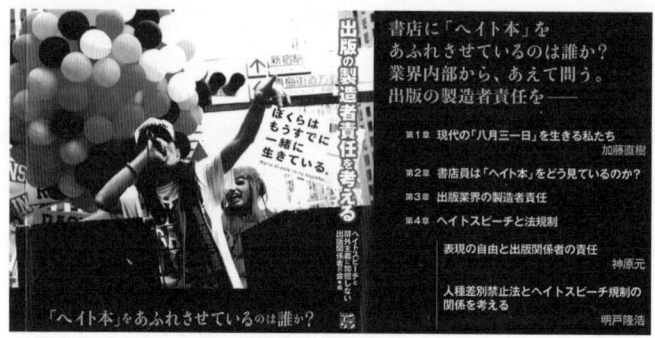

『NO 헤이트! 출판 제조자의 책임을 생각한다』 표지.

'저도 시대의 일부입니다'라는 제목은 서류순 씨의 작문 「저도 시대의 일부입니다」에서 따왔다. 이 사회에서 타자라고 내쳐지기 일쑤지만 서류순 씨 자신도 일본 사회의 일부라는 의미다. 작품 전시회에 왔던 어느 일본인 대학생은 그녀들의 어린 시절, 그러니까 조선인 여성이 겪은 식민지 지배 시대 경험을 읽고 당시 대학생이던 자기 할아버지가 경험한 공습 체험을 떠올렸다고 한다. 물론 일본인 남성이 겪은 전쟁과 조선인 여성이 겪은 식민 지배와 전쟁을 동일하다고 여길 순 없다.

또 후레아이관을 공격 대상으로 삼는 극우 인종 차별주의자들의 "일본 밖으로 꺼져라!"라는 헤이트 스피치에 대한 반론이기도 하다. 우리도 일본인과 '더불어' 일본 본토의 역사를 같이 만들어왔다는 말이다.

뉴커머와 공존해야 하는 사회

후레아이관에서 시작된 글자 배우기 운동 및 우리학교 공동 학습자인 스즈키 히로코는 글자 배우기 교실에 참가했던 첫날 만난 재일 여성들이 쓰는 일본어에 충격을 받았다. '상냥한 얼굴'과는 어울리지 않게 입에서 나오는 말은 강한 명령조였기 때문이다. 당황한 스즈키는 이윽고 그녀들이 만나온 일본인 대부분이 언제나 무언가 '~하라'는 명령조로 말해왔음에 생각이 미쳤다. "재일 여성들이 사용하는 언어 속에서 일본 사회가 그녀들에게 가했던 위계와 차별이 또렷이 드러났고, 나는 강한 충격을 받았다."

자주 경험하는 일이지만 아동, 노인, 외국인을 향한 '친절'한 배려심은 쉬운 말(반말)을 쓰는 거라고 착각하는 이들이 많다. 특히 여성, 노인, 외국인이라는 차별 조건을 모두 지닌 그녀들에게 반말을 쓰던 이들은, 그녀들을 아이 취급하고 때로는 엄한 선생처럼 훈육한다는 명목으로 가르치려 들었던 것 같다. 즉 재일 여성들이 오랜 시간 동안 몸에 익힌 '일본어'에는 정치적·경제적·문화적 배제가 새겨져 있다. 다름 아닌 '메이저리티(Majority)' 자신의 '일본어'라는 것이다. "나도" "시대의 일부입니다"라는 그녀들의 선언은 자기 역사를 돌아보는 과정에서 나왔다. 거기에는 개별적인 경험이나 재일 커뮤니티 일원으로서의 경험만이 아니라 일본 사회의 경험까지 복잡하게 녹아들었고, 뉴커머(New commer 1980년대 이후 일본에 들어온 정주 외국인을 가르킨다)들과 어떻게 더불어 살아야 하는지에 관한 실마리가 담겨 있다.

일본 사회언어학자 가도야 히데노리는 읽기 쓰기 능력이 자명하게 여겨지는 사회에서 비식자자(非識字者 문맹과는 조금 다르다. 리터러시가 충분하지 않다는 의미)의 생존권과 사회권이 다양한 형태로 침해되는 것도 차별이라고 했다. 서로 다른 우리가 이 사회에서 어떻게 공존해야 할까. 뉴커머인 내 고민은 늘 여기서 시작된다. 나는 오늘도 일본어 느낌이 밴 한국어와 한국어 느낌이 밴 일본어 사이에서 서성인다.

단일 민족과 국문학

도쿄살이도 어느덧 30년이 넘은 내게 서울은 변화무쌍한 도시다. 반년만 안 가도 몰라보게 달라져 있다. 때문에 서울에서 새로운 뭔가를 발견하면 다른 사람들 행동을 따라해본다. 궁금하니까.

지하철 교통 카드 도입은 도쿄보다 서울이 빨랐다. 오랜만에 일본 지인들과 함께 서울에 갔을 때였다. 지하철을 타려고 보니 사람들이 개찰구 윗부분을 뭔가로 터치했고 그러자 문이 열렸다. 나도 승차권으로 도전해보았다. 당연히 문이 열릴 리 없었다. 결국 나와 동행한 일본 지인들을 포함해 일곱 명 모두가 개찰구를 빠져나오지 못했다. 역무원에게 도움을 요청했다. 그분은 내가 한국어 사용자임을 알자 큰 소리로 말했다. "한국 사람이 왜 이걸 모르세요? 혹시 북에서 왔소?"

재일 교포세요?

서울에 가면 처음 보는 것도 빨리빨리 잘 해내야 한다는 강박이 생긴다. 나이 탓일까? 속도감을 따라잡을 수 없다. 또 광주 사투리와 일본어 억양이 섞인 내 말투에 한국어 화자들은 위화감을 느끼는 것 같다. 어정쩡한 태도로 질문하면 아주 상냥하게 "재일 교포세요?"라고 되묻는 사람도 많다.

"북에서 왔소?"와 "재일 교포세요?"는 결코 호의적인 표현이 아니다. 어설프고 뒤떨어진 사람이라는 느낌이 담긴 표현이다. 한국인도 다 같은 한국인이 아니다. '우리'와 다른 느낌이 난다는 뜻으로 의도적 차별은 아니겠지만, 여기에는 자기 자신은 순종 한국인이라는 우월 의식이 내재한다.

일본이나 한국에서 무슨 일을 하는지 물으면 대학 선생이라고 답한다. 그러면 당연히 한국어를 가르친다고 생각한다. 한국어 느낌이 묻어나는 일본어로 일본인에게 일본 문학을 가르친다는 사실을 상대가 이해하도록 설명하려면 시간이 좀 걸린다. 보통 대학 교단에 서면 자연스레 권위가 서기 마련이라지만 나는 그렇지 않다. 나의 일본인 제자들은 일본살이 20년 정도로 일본어 사용도 일본 체재 기간도 나보다 짧다. 난 이곳에서 30년 이상 살고 있으니까……. 그렇지만 그들은 수업 평가에서 내 일본어 실력을 칭찬하는 여유를 갖는다. 거기에도 순종 일본인이라는 우월감이 내재한다. 나를 무척 따르고 좋아하는 것과는 별개의 감정이다.

'가와이주쿠'를 아는지 모르겠다. 일본 최대 입시 학원이다. 아마 10대 일본인 가운데 이 학원 교재 한 권 안 가진 학생은 거의 없지 싶다. 입시생과 학부모에게 홈페이지를 통해 각종 입시 정보를 전달하고, 각 대학 어느 연구자가 어떤 학문에 강한지 소개하며, 학교별·전공별 추천 대학 명단을 공개한다. 우리 대학도 입시 대책을 세울 때는 이들이 내놓는 데이터 분석을 참조한다. 그만큼 영향력이 있다는 말이다.

이 학원 홈페이지를 보면 일본 문학은 '일본인이 일본어로 쓴 고유의 문학 작품'이라고 쓰여 있다. 여전히 단일 민족, 단일 언어라는 의식과 혈통, 국적, 국어가 일대일로 대응한다는 생각이 강해서다. 그럼 한국은 어떠할까? 별다를 바 없지 않을까. '다문화 가족'이라는 말이 그 증거다. 이 표현의 이면에는 '단일 문화 가족=우리 한국 사람'이라는 전제가 숨어 있다. 자신이 한국인이라 생각하는 이들이 다문화라는 표현을 사용할 때는 그들이 약자이므로, 아니면 문제를 일으킬 가능성이 높기 때문에 뭔가 대책이 필요하다고 생각하는 것 같다.

단일하다는 환상이 우위를 점하는 사회가 만들어내는 편견과 상처가 요즘 일본 문학에서도 주목받고 있다. 대표주자는 소설가 온유주다. 그는 1980년생 대만 출신으로 세 살 때 일본에 건너왔다. 대만인 부모 밑에서 일본어, 대만어, 중국어를 동시에 사용하며 성장했고 도쿄도립아스카고등학교와 호세대학 국제문화학부를 졸업했다. 고등학교 입시를 치러야 입학이 가능한 도쿄도립고등학교를 나온 걸 보면 일본 중산층과 동일한 조건에서 교육 받았을 가능성이 높다. 온유주와 얘기를 나눈 적이 있는데, 도쿄 방언을 사용하는 일본어 화자였다.

2009년 스바루문학상 가작을 수상하며 데뷔했고 비교적 상복이 많았다. 특히 2017년 아쿠타가와상 후보에 오른 「한가운데 아이들」은 큰 화제가 되었다. 작가가 심사위원인 미야모토 데루와 맞짱을 떴기 때문이다. 그 이야기를 하기 전에 우선 작품 내용을 살펴보자.

대만 출신 일본어 소설가가 쓴 「한가운데 아이들」

주요 등장인물은 세 사람이다. 이들은 스무 살 전후이고 모두 어릴 때부터 일본에서 자란 일본어 원어민이다. 어느 민족이라 단정하기 어렵고 국적과 사용 가능한 언어가 다르다. 상하이로 중국어 어학연수를 와서 만난다.

고토코(미미) 일본인 아버지와 대만인 어머니, 가족 모두 현재 국적은 일본. 집에서는 일본어, 대만어, 중국어를 같이 사용. 어머니가 8년 전에 일본 국적 취득.
카레이(링링) 대만인 아버지와 일본인 어머니, 집에서는 대만어와 중국어 사용. 카레이는 대만 국적.
슌야 부모 모두 중국계. 가족 전원이 일본 국적 취득.

상하이 어학원에서 미미는 어머니가 대만인이면서 중국어가 서투르다는 말을 들어야 했고, 엄격한 중국인 선생한테는 대만 특유의 남방 억양은 좋지 못하니 고쳐야 한다는 말을 들어야 했다. 또 어머니가 대만인이라

온유주의 작품집 『한가운데 아이들』 표지.

면 일본인이라 해서는 안 된다는 지적까지 당한다. 미미와 달리 중국어가 능숙하고 자신감 넘치는 링링도 중국인 남성에게 너의 아버지는 대만 사람이 아니다, 대만인은 존재하지 않는다며 남방 사투리를 쓰는 중국인이라는 말을 들어야 했고 대만 여권 때문에 고충을 겪고 모욕을 당한다. 그들은 일본에서는 순종 일본인이 아니라는 말을 듣고 대만에서는 일본에서 온 사람 취급을 당한다. 대만과 인연이 있는 미미와 링링과 달리 슌야는 중국계다. 슌야의 조부모가 일본 국적을 선택한 것은 일본 침략 전쟁 역사와 깊은 연관이 있다.

소설에서 미미, 링링, 슌야의 언어와 국적 불일치에

위화감을 느끼고 충고하는 중국인이나 일본인이 의도적으로 차별하진 않는다. 악의가 없다는 게 오히려 문제다. 죄책감이 없으니 망설이지 않고 같은 말과 행동을 되풀이하기 때문이다. 한편 이런 상황을 경험해야 하는 미미, 링링, 슌야의 입장에서는 일상생활에서 대다수 사람과 다르다는 낙인이 찍히는 경험이다. 마음에 상처를 입고 자기 정체성을 심각하게 고민하는 계기가 된다. 소설에서 슌야가 매우 중요한 역할을 한다. 슌야는 국적-언어-혈통의 일체화를 부정하며 이야기 흐름을 바꿔놓는다.

> "어느 쪽인가, 가 아니고 어느 쪽도, 다요."
> "어느 쪽도 될 수 있다는 말이지."
> "국적이 이거니까 그 나라말을 할 수 있어야 한다, 에 얽매일 필요 없어. 부모가 일본인이 아니더라도 일본어를 잘해도 되는 거고, 엄마가 대만인이라고 꼭 대만어를 잘해야 하는 것은 아냐. 언어와 인간의 관계는 훨씬 자유롭단 말이지."

말로 받은 상처는 말로 치유가 된다. 이야기 후반, 미미와 링링이 슌야가 건네는 말을 통해 차츰 마음을 치유하고 단일 국적-언어-혈통의 속박으로부터 벗어나 자신들 정체성을 표현할 언어를 찾아가는 과정이 그려진다.

일본어는 일본인만의 것인가?

소설가 호시노 도모유키는 현실 세계에서 미미와 같은 사람들이 점점 늘어나고 있으며, 세계 문학을 통해 오히려 이들이 '보통'의 존재임을 확인할 수 있다고 말했다. 그런 의미에서 「한가운데 아이들」은 세계 표준 문학이고 지금 바로 세계 각지에서 읽혀야 하는 일본 문학의 필두라는 호시노의 말에 공감한다. 문제는 현실 세계에 호시노와 같은 이들이 많지 않다는 사실이다.

이 소설이 아쿠타가와상 후보에 올랐을 때 심사위원이자 저명한 소설가인 미야모토 데루는 "일본인 독자에게는 상관없는 이야기", "남의 얘기가 끝없이 계속되는 소설이 지루했다"는 심사평을 발표했다. 작가 온유주는 트위터(지금의 X)를 통해 "너무나 화가 난다. 일본도 일본어도, 자신=일본인만의 것이라 믿기 때문에 가능한 반응이다"라고 반박했다. 미디어는 온유주의 소설과 미야모토 데루의 심사평 내용보다 대가에게 맞짱을 뜬 신인 소설가라는 프레임으로 요란스럽게 다뤘다. 두 사람 발언에 주목하는 기사들조차 비당사자(미야모토 데루)와 당사자(온유주)라는 프레임에서 벗어나지 못했다.

이에 대해 온유주는 다음과 같이 말했다.

> '당사자' 말이라서 설득력이 있다고 하신다. 대충 말을 해도 '당사자' 말이니 새겨듣겠다는 분들도 있다. 조심스럽다. '당사자'라 하더라도 모든 것을 바르게 판단하는 건 결코 아니다. '비당사자'이기에 오히려 문제의 중요한 측면을 알아채기도 한다. 적어도 나는 당사자, 비당사자라는 대립 구조에 갇히고 싶지 않다. 세상의 구별 짓기, 선 긋기로부터 해방되고 싶다.

당사자 말을 경청하는 비당사자라는 구도는 미야모토 데루가 심사평에 쓴 일본인(비당사자)과 상관없는 남(당사자)의 얘기라는 의식의 선한 버전일지 모른다. 강의 시간에 이런 말을 하면 당연히 이런 질문이 나온다. "그럼 어떻게 해요?" 그럴 때 나는 출석 퀴즈로 온유주가 쓴 「'선의'가 물어뜯는 마음」(아카하타신문, 2022년 9월 18일)을 읽고 간단히 감상을 적어보라고 말한다.

이 나라는 일본인뿐이라서 저는 단지 일본인이 아니라는 이유만으로 스스로 마이너리티로 여겨질 때가 종종 있습니다. (중략) 작가가 되고 얼마 안 되었을 때, 제 책을 읽었다는 어느 독자가 "일본이 이런 나라여서 정말 죄송합니다"라고 사과했는데 심정이 아주 복잡했습니다. 부디 용서해달라는 얘기에 부응하기 위해 저는 그 사람에게 오히려 "당신을 괴롭게 해서 저야말로 죄송해요"라고 말할 수밖에 없었습니다.

저에게 '용서받은' 상대는 위안을 얻은 것 같았지만, 저는 계속 뭔가에 물어뜯긴 심정이었습니다.

이런 식으로 마이너리티 편이라고 스스로를 자부하는 메이저리티일수록, 실은 자신의 '선의'에 숨어 있는 무의식적 차별을 알아차리기 어렵습니다.

선의에 숨어 있는 무의식적 차별은 뭘까? 이 글을 읽고 학생들이 쓴 일본어 감상을 일부 번역해보았다.

A: 블랙 외국인에게 고향은 덥습니까? 달리기 잘하시겠어요, 라는 말을 한 적이 있다. 무의식적인 차별은 내 자신이 의식하기 힘들다.

B: 마이너리티에게 친절을 베푸는 행위가 때때로 그들을 나보다 열등하다 또는 약자라고 규정하는 행위라는 생각이 들었다. 오히려 마이너리티를 특별시하지 않고 다른 사람과 동등하게 대하는 게 좋지 않을까? 예컨대 같이 알바를 하는 외국인에게 필요 이상으로 가르치려 들거나 간섭하는 것도 자신은 '친절'이라고 생각할지 모르지만 상대는 무능한 인간 취급을 당한다고 생각하지 않을까?

C: 자신이 마이너리티 편이라고 자부하는 메이저리티 태도를 보면 "당신이 차별당하는 일은 필연적이지만 난 달라요"라는 느낌이 든다. 그러나 그러한 가치관과 자세로 상대를 대하는 것은 상대를 같은 인간으로 보지 않기 때문이다. "자신이 지켜주지 않으면" 또는 "상대가 마이너리티라서 차별받기 때문에 불쌍하다"라며 메이저리티가 우월하다는 태도를 보이는 행위야말로 차별이다.

그 밖에도 비슷한 의견이 많았다. 특히 유학 경험을 가진 학생들이 매우 민감하게 반응했다. 독자 여러분들의 생각은 어떨까? 궁금하다.

나는 이 글을 읽었을 때, 주인 의식이라는 단어가 떠

올랐다. 이 나라의 주인은 '나'라는 의식이 강하게 깔린 사과였다. 그렇기 때문에 '일본'을 대표해 미안하다는 말을 할 수 있는 것이다. 온유주는 지금 마흔다섯 살, 세 살 때 일본에 와서 일본 공교육을 받았다. 인생 경험을 거의 일본에서 했음에도 너는 손님이라는 대접을 정중하게 받았으니 기분이 좋을 리 없다. 나 역시 친절한 손님 대접을 한국과 일본에서 톡톡히 받는 신세니…… 좋으면서도 씁쓸하다.

🌸 이름과 정체성

니혼대 국문학과 신입생은 140명 정도다. 1학년 담임을 맡으면 오리엔테이션에 참가해 학생 한 명 한 명 이름을 부르고 자기소개를 시킨다. 학생 명부에는 반드시 학생 이름을 읽는 법이 히라가나로 명기되어 있다. 내가 외국인이기 때문이 아니다. 일본에서 태어나 자란 동료들도 반드시 담당 학생 이름의 읽는 법을 확인한다.

읽기 어려운 일본인 이름

일본에서는 보통 성에 '상(さん)'을 붙여 부른다. 한국어는 한자 성을 음독(소리로 읽기)하고 일상에서는 한글로

표기하기에 학생들 이름을 부를 때 큰 어려움을 겪지 않는다. 일본어 한자는 음독과 훈독(뜻으로 읽기)이 기본이지만, 일본인 성을 읽는 경우 아주 흔한 성이라도 방심하면 안 된다. 예컨대 中谷(중곡)은 '나카타니'라고 읽는지 '나카야'라고 읽는지, 山﨑(산기)는 '야마자키'인지 '야마사키'인지 확인해야 한다.

또 아테지(当て字)라고 해서 한자의 음과 훈을 빌려 한자의 본래 용법을 무시한 문자 조합이 만들어지기도 한다. 한국어와도 깊은 인연이 있다. 불문학과, 독문학과라는 단어는 일본어 아테지가 만들어낸 조합이다. 일본어 외래어 표기(가타카나) 'フランス(후랑스)'는 France의 발음을 재현한 것이다. 그렇지만 근대 문헌에서는 仏蘭西라는 한자로 표기되는 경우가 많다. 이것을 한국에서는 불란서라고 음으로 읽는다. 일본어에서는 가타카나 표기와 똑같이 '후랑스'라고 발음하는데 원래대로라면 '후츠란세이'라고 읽어야 할 게다. 아테지이기에 그냥 그러려니 하며 무조건 외운다. 현대 일본어에서 정식 학과명을 프랑스문학과라고 하더라도 학과명의 약어는 '仏文(후츠분)'이라 표기하기도 한다.

한국에서 불란서라는 한자가 쓰이기 시작한 것은 일

제 시대부터다. 일본어가 유입되어 한글로 정착한 것이다. 네이버 뉴스 라이브러리에서 검색해보면 동아일보와 조선일보가 창간된 1920년대부터 사용되었고 해방 후 1960년대까지 흔히 쓰였다. 한국의 불문학과라는 명칭은 일본어의 영향이 강하던 시절에 만들어졌는데 일본에서는 가타카나로 '후랑스'라고 표기하기에 지금은 한국어에서 더 사용 빈도가 높다.

구글 검색에 難読名字(난독명자, 읽기 어려운 성)를 입력해보시라. 일본어사 전공자라도 절대 읽지 못하는 별의별 성이 끝없이 나온다. 예컨대 上遠野(상원야)를 가토우노(かとうの)라고 읽을 수 있는 이는 많지 않다. 일본살이 30년이 넘었지만 학생들 출석부에는 처음 보는 성이 반드시 있다.

남편 성을 따라야 한다면 법적 이혼 선택

'성'은 가족 관계를 나타내는 지표다. 하지만 일본에서는 혼인 관계를 통해 바뀌기도 한다. 현행 민법에 의거한 혼인 성립 조건은 한쪽 성으로 통일하는 것이다. 대부분 남편의 성으로 바꾼다. 결혼 전부터 사회 경력을 쌓아온 여성들에게는 불리한 제도다. 결혼 전에 이미 사회적 인지도를 쌓은 여성 연구자 가운데는 결혼 후에도 남편 성이 아닌 결혼 전 이름으로 연구논문을 집필하는 이가 적지 않다. 선택적 부부별성제가 선거 때마다 큰 이슈가 되기까지 많은 여성 단체가 호적에 기재된 성이 아닌 본인이 선택한 성을 직장에서 사용할 수 있도록 해달라는 운동을 펼쳤다.

이런 차별적 제도에 대한 저항은 다양하다. 오래전 친구 A의 이혼 증인이 된 적이 있다. 합의 이혼에는 이혼 사실을 확인하는 증인 두 명이 필요하다. 그들이 절실히 원했던 것은 실제 이혼이 아니라 부인의 성을 되찾는 것이었고, 이혼 후 바로 사법서사에게 부탁해 사실혼 관계를 입증하는 서류를 만들었다. 결혼 수속은 무료지만 사실혼 관계 입증에는 30만 엔(지금은 모르겠다)이란 비용이 발생한다.

친구 B 커플은 처음부터 결혼 제도에 비판적이었고 사실혼 관계가 10년이 지난 즈음 역시 비싼 비용을 들여 사실혼 관계 증명을 만들었다. 두 사람 모두 페미니스트였으며 자신들을 얽어매는 차별 제도를 거부했다.

이러한 선택을 하는 친구들은 주변에 수두룩한데 이들이 비싼 비용을 들여 사실혼 관계 증명을 확보해두는 것은 부동산 계약과 병원 등에서 자신들 권리를 지키기 위해서다. 즉 생의 마지막 순간을 동반자 자격으로 같이 하고 생명 유지 장치에 관한 선택을 일생을 같이한 이에게 맡기는 안심이 필요한 것이다. 또 내가 먼저 죽더라도 같이 일군 재산을 마음이 먼 친지보다 자기 파트너에게 남기기 위한 선택이다. 시부야구가 선도적으로 동성 커플의 '파트너쉽 증명서'를 도입한 이유도 비슷하다.

친구 C 커플은 은행 융자를 받아 집을 사고 싶어 했다. 대형 은행은 사실혼 관계 남녀가 공동 명의로 융자 신청을 하면 결혼 예정 증명을 요구하는 경우가 많다. 은행 심사에서 계속 떨어진 이후 C 커플이 선택한 방법은 결혼이었다. 반듯한 직장인인 그들은 바로 융자를 받았고 몇 년 후에 이혼했다. 법적 이혼이라는 의미다. 사실혼 관계는 지금도 유지 중이다. 그만큼 결혼이라는 제도 안에 갇히고 싶지 않아 했다.

차별과 편견에서 벗어나고자 통칭명 사용

이름에는 그 사람의 정체성과 관련된 수많은 정보가 담긴다. 그래서 더 조심해야 한다. 일본에는 통칭명(쯔쇼메이つうしょうめい)이란 제도가 있다. 위에서 말한 여성들이

결혼 전 성을 직장에서 사용하는 경우, 결혼 전 자기 이름이 통칭명이 된다. 일본 정부 기관인 총무성 홈페이지를 보면 이 제도의 배경에는 '재일(在日, 자이니치)'이 있음을 알 수 있다.

> 배경: 우리나라에 오랫동안 거주한 외국인이 일상에서 통칭명을 사용하는 사람이 많아서, 외국인등록원본의 성명란에는 본명을 기재하고 그 밖에 본인이 희망하면 통칭명을 괄호 안에 병기하고 인정하는 방식으로 운용해 왔다.

본명이 드러내는 정체성 때문에 사회적 차별과 편견 대상이 될 가능성이 있는 이들이 사용하기 시작한 통칭명을 국가가 인정한 것이다. 각 지방 자치단체와 대학 등의 통칭명에 관한 방침은 홈페이지를 통해 확인할 수 있는데 주로 외국인과 성소수자를 위해 운용된다.

문화가 다른 사람들과 그 다양성을 이해하자는 의미인 '다이버시티'가 기업과 대학 등 교육기관에서 우선 과제로 적극 추진되고 있다. 니혼대학 문리학부에서도 4년 전에 다이버시티 위원회를 만들었다. 나도 멤버다. 위원회에서는 학생 이름에 대한 유연한 대응이 가능하도록 제도 정비를 서둘렀고 통칭명 사용이 가능한 범위를 아래와 같이 규정했다.

① 혼인 등에 의해 호적상 성명 변경을 한 학생이 통칭명을 사용하는 경우
② 일본 국적이 아닌 학생이 주민표에 기재된 통칭명을 사용하는 경우
③ 성별에 위화감이 있는 학생이 통칭명을 사용하는 경우
④ 학생 생활에 있어서 안전 및 안심을 확보하는 목적으로 통칭명을 사용하는 경우

재일 문학에 관한 강의를 하면, 강의가 끝난 후 살며시 나를 찾아와 자신이 재일임을 말하는 학생들이 있다. 일본 국적을 취득했거나 통칭명을 사용하기 때문에 본인이 말하지 않으면 알지 못한다. 자기 정체성을 존중하는 민족 교육을 받으려면 돈이 많이 든다. 민족학교에 일본 정부가 보조를 하지 않기 때문이다. 경제적 부담 없이 자녀 교육을 하기 위해서는 일본 국적 아동들과 동일한 공교육을 받아야 한다. 공교육 현장에서는 일본의 식민지

침략과 한반도 조선인들이 왜 일본으로 이동했는지 체계적으로 배울 기회가 없다. 자신의 뿌리를 이해하려면 스스로 강한 의지를 갖고 찾아보고 공부해야 한다.

아쿠타가와상 수상한 재일 여성 작가, 이양지의 이름

1989년에 「유희」로 아쿠타가와상을 수상한 이양지. 재일 여성 작가 등장은 큰 주목을 모았다. 그러나 1992년 불과 서른일곱 살의 나이에 급성 심근염으로 사망한다. 서류상 본명은 다나카 요시에다. 이양지는 초등학교 시절에 일본 국적자가 된다. 부모가 귀화(일본 국적 취득)했기 때문이다. 오랫동안 그는 다나카 요시에로 살았다. 이양지가 남긴 에세이집 『말의 지팡이』(신센샤, 2022년)에는 자신의 뿌리를 의식하기 시작한 계기가 쓰여 있다.

> 고1 여름, AFS라는 미국 유학생 모집 시험에 응모하기 위해 나는 호적등본을 떼어 보고 자신이 조선인임을 명확하게 인식했다. 아니 그 이전부터 알았지만 양친은 조선어를 아이들 앞에서 사용하지 않았고 김치도 먹지 않았다. 게다가 시골에서 살았기 때문에 주위 모든 사람이 일본인이었고 내게 '조선'이라는 사실을 느끼게 하는

것은 아무것도 없었다. (중략) 나는 매일 아침 전철을 타고 학교에 다녔다. 어느 날 그 전철에 10여 명의 조선고교 여학생들이 탔다. 그녀들은 민족의상인 저고리를 입었고 조선어로 크게 얘기를 나눴다. 그 말은 내 귓속 깊은 곳에 남아 있던 할아버지의 말이고, 부부싸움 할 때 돌발적으로 튀어나오는 아버지의 말이고 어머니의 말이었다. 나는 털썩 주저앉았다. 그녀들은 완전한 조선인이었다. 그러나 왜 부끄러워하지 않지? (중략) 나는 너무나 혼란스러웠고 동시에 얼굴이 달아올라 하차역 '고우진구치'를 알리는 방송을 듣자마자 도망치듯 내렸다.

이양지가 다니는 고등학교 일본 역사 수업은 학생이 리포트와 필기시험 중에서 선택할 수 있었다. 고3이 된 그는 리포트를 선택해 1년 동안 '조선'을 주제로 독학했고 여러 차례 리포트를 제출해 선생님의 비평을 들었다. 고등학생에게는 버거웠을 『조선인 강제 연행 기록』(박경식 저)을 밤샘하며 읽는 등 왜 자신이 지금 여기에 살고 있는지 일본 제국의 역사를 공부하면서 알아간다. 와세다대학 입학 직전에는 한국어 공부도 시작한다.

그해 봄 와세다대학 사회학부(야간)에 입학했고 가정교사, 그 밖의 아르바이트로 생계를 꾸리면서 동포 학생들과 함께 모국어와 역사를 배웠다. 조국 정세에 관심 갖고 토론하면서 의식을 높여갔다. 자신의 존재 이유, 조선인으로서 사는 법을 모색하던 그 시절 연장선 위에 지금 나는 존재한다. 어느 시점부터 조선어 이름을 쓰기 시작한 것은 그 자체가 일본을 향한 도전적 행위이자 동시에 자기 자신을 향한 도전이기도 했다.

1975년, 스무 살이 된 이양지가 쓴 에세이다. 일본 국적을 취득하기 이전 본명(조선명)을 사회적 통칭명으로 사용하는 행위가 '일본을 향한 도전, 자기 자신을 향한 도전'이라 표현해야 할 만큼 무거운 결단이던 시절이 오랫동안 이어졌다.

요즘 들어 일본 국적자와 재일 또는 일본 국적자와 뉴커머를 부모로 둔 학생들이 나를 종종 찾아온다. 내가 강의를 시작한 2000년대 초반과 달리 절대 비밀 유지를 해달라는 학생들은 많지 않다. 통칭명을 사용하지 않는 학생들도 늘었다. 물론 아직도 누군가에게는 자기 이름이 결코 밝히고 싶지 않은 상처가 되기도 한다. 그래서 교실에 들어서면 출석부에 가려진 학생들 정체성을 끝없이 생각하며 그 누구도 배제하지 않도록 말 한마디 한마디 신경 쓴다. 모든 일이 뜻하는 대로 원활하게 움직이지도 않고 개별적인 상처를 충분히 어루만질 능력도 없지만, 적어도 내 강의가 학생들 마음을 상처 내는 칼이 되어서는 안 되기 때문이다.

내가 가르치는 소설은 인간의 정동과 사회적 관계를 표현하는 최고의 수단이다. 그만큼 교재 선택에 신중을 기해야 한다. 누군가에게는 큰 상처가 되는 표현이 소설의 최상급 소재가 되기도 하니까. 이를 경계하면서 소설이 가진 가능성을 활용해야 한다. 훌륭한 소설은 여성들이 결혼 제도의 굴레에서 탈출하도록 도왔다. 성적 소수자가 이성애를 강요하는 사회에 대한 위화감을 표현하는 방법을 같이 고민했으며, 재일과 같이 민족 정체성이 어떤 갈등과 차별을 만들어내는지를 가시화시켰다.

학생들 이름에 감추어진 상처를 보듬고 교실이라는 공간에서 서로의 삶을 공유하기 위한 교재 찾기는 계속된다.

❀ 여성 국민작가

 순문학과 돈 이야기를 같이 하면 안 될까? 한강의 노벨문학상 수상 이후 사람들은 작가 인세에 관심이 많아졌다. 일본 근현대 문학사에서 일부 작가가 비교적 안정된 인세를 받으며 생활하게 된 것은 대량 인쇄로 책값이 저렴해지고 대중 독자가 탄생한 1920년대부터다. 신문, 잡지, 출판계가 100만 독자를 운운하는 단행본 밀리언셀러 시대가 열렸다.

 일본 온천 관광을 좋아하는 사람들은 자신이 머문 온천 여관에 저명한 문학자의 사인, 그림, 사진이 걸려 있으면 과연 이 온천은 좋은 곳이라고 안심하면서 지인에게 자랑한다. 1920년대부터 일본 고도 경제성장이 이루어지던 1970년대까지는 아직 순문학을 읽는 독자가 많아서 유명 작가들은 가루이자와 등에 별장을 가졌고, 출판사가 원고를 빨리 받아내기 위해 작가를 온천에 장기 투숙시키기도 했다. 고급 온천 숙박 비용을 부담할 만큼 출판사도 체력이 있던 시절이다. 지금은 아쿠타가와상을 받더라도 생계유지를 위해 바로 하던 일을 그만둘 용기를 가진 젊은 작가는 드물지 싶다. 모두가 무라카미 하루키가 될 수는 없으니까.

출판 자본주의 시작점, 나쓰메 소세키

전업 작가가 되려면 출판사나 미디어와 계약을 잘 해야 한다. 청년들이 입신출세를 위한 유망한 직업으로 소설가를 고려할 정도로 모범을 보인 사람은 나쓰메 소세키였다. 신문 연재소설의 격을 높인 이도 소세키였다. 청일전쟁(1894~1895)과 러일전쟁(1904~1905) 등 전쟁 보도를 통해 신문과 출판 산업은 수익 창출이 가능한 근대적 기업으로 거듭난다. 오사카아사히신문과 요미우리신문이 눈에 띄는 성장을 했다. 그들이 러일전쟁 이후 전쟁 보도를 통해 늘어난 독자를 잡아두기 위해 선택한 방법이 나쓰메 소세키 영입이었다. 소세키는 계약 조건을 잘 살피며 교섭한 끝에 아사히신문을 선택한다.

> 대학을 그만두고 아사히신문에 입사했더니 만나는 사람마다 놀란다. 개중에는 왜 그러느냐고 묻기도 한다. 중대 결단을 했다고 칭찬하는 이도 있다. 대학을 그만두고 신문쟁이가 되는 것이 뭐가 문제인가. 내가 신문쟁이로 성공할 수 있을지 없을지 나도 모르겠다. 내 실패를 예견하고 10년 경력을 하루아침에 내던진 것을 무모한 행동이라고 염려한다면 이해가 된다. 나도 내 결정에 놀랐으니까. 그렇지만 대학교수라는 영예로운 지위를 내던지고 신문쟁이가 된 것에 놀랐다는 말은 하지 말아주시오.
> 나쓰메 소세키, 「입사의 변」, 도쿄아사히신문 1907년 5월 3일

그의 이직을 둘러싼 사회적 반응이 상당히 요란스러웠음을 짐작하게 하는 글이다. 높은 관심 속에서 이직 후 발표한 첫 작품 『우미인초』는 대성공을 거둔다. 마치 현대사회에서 애니메이션이 히트하면 캐릭터 굿즈가 또 다른 시장을 형성하듯 『우미인초』 관련 굿즈도 판매되었다. 소세키 부인의 회상에 따르면 미쓰코시백화점에서

아사히신문에 실린 나쓰메 소세키의 『우미인초』 삽화.

는 '우미인초 유카타'를 상품화했고 교쿠호도에서는 양식 진주로 '우미인초 반지'를 만들어 판매했다고 한다.

생전에 일거수일투족 주목받던 소세키는 1984년부터 2004년까지 약 20년 동안 일본 화폐 1천 엔권 모델로 활약한다. 물론 일본 재무성이 소세키를 선택한 이유는 그가 근대적 계약 사회를 잘 이해하고 그의 작품이 출판 자본주의 시작점에 서 있기 때문은 아니다. 일본 문화를 대표할 자격이 충분해서였다. 여기에는 식민지 지배와 침략 전쟁 가담이 경미하여 아시아 여러 나라로부터 항의받지 않으리라는 계산이 깔려 있다. 화폐의 얼굴은 외교 분쟁을 불러일으킬 소지가 있었기에 안전한 선택을 한 셈이다. 정치권의 '문화 사용법'이다.

2002년, 일본 재무성은 새로운 지폐 발행 계획을 발표하고 문화계 대표로 여성 작가 히구치 이치요를 선정한다. 국민작가 소세키 뒤를 이어 히구치 이치요가 지폐 얼굴로 등장, 노벨상 수상에 버금가는 화제를 일으키며 '국민작가'로 등극한다.

한국에서는 신사임당의 5만 원권 선정이 발표되었을 때 돌연 히구치 이치요에게 주목이 쏠렸다. 2007년 11월 5일, 한국은행은 2009년 발행 예정인 고액권 도안 인물을 발표했다. 10만 원권은 김구(발행은 무기 연장)를 독립애국지사 대표로, 5만 원권은 신사임당을 여성·문화예술인 대표로 선택했다고 한다. 신사임당은 근현대 한국에서 유교적 '현모양처' 상징이라는 이유로 선정되었고 이에 대해 많은 여성 단체가 반대했다.

새 지폐를 대표한 여성 작가 히구치 이치요

한겨레신문(2007년 10월 2일)은 (사)문화미래이프가 발표한 성명서 중 "현모양처로 부각돼 있는 신사임당을 화폐 인물로 선정하고자 하는 것은 국가적 망신이자 여성 인력 활용을 통한 국가 발전이라는 정책 방향과도 어긋나는 것"이라는 부분을 인용해 보도했다. 동 성명서에서 외국 화폐 여성 인물의 좋은 예로 "일본이 메이지시대 폭넓게 사랑받았던 소설가를 화폐 인물로 선정했다"고 높게 평가했다. 조선일보(2007년 11월 6일) 칼럼은 일본에서 히구치 이치요가 화폐 인물이 된 것을 일본 여성계가 대환영했다는 점을 강조하면서 신사임당 채택을 이치요와 동일 선상에서 '여권 향상'이라고 평가했다.

이런 찬반 분위기에서 일본 5천 엔권 주인공인 히구치 이치요에게 관심이 몰렸다. 이치요의 5천 엔권 도안은 2002년 8월에 결정되었고, 지폐는 2004년 11월 11일부터 유통되었다. 한국에서는 신사임당에 대한 찬반과는 별개로 '여성 문학자' 초상이 새겨지는 일본 5천 엔권

신사임당이 그려진 5만 원권과 히구치 이치요가 그려진 5천 엔권.

을 대체로 긍정적으로 평가했다.

이치요는 아버지를 일찍 여의고 열아홉 살에 가장이 되어 어머니와 여동생을 돌보며 고난의 일생을 보냈다. 실질적으로 작가로 활동한 시기는 불과 4년 정도. 그는 소설가가 예술가로 대접받는 세상을 상상조차 못 했다. 인세는 생각도 할 수 없었고 매절 방식이 일반적이었다. 문필가 사이에서는 주목받았지만 많은 독자가 이치요 이름을 알지 못했다.

병으로 스물네 살에 요절한 이치요가 일약 유명인이 된 것은 사후 10년이 지난 즈음 일기가 출판되면서다. 이치요 일기의 성공은 그 후 많은 유명인에게 영향을 끼쳤다. 자신이 죽고 난 뒤 가족들이 일기를 상품화시킬 염려가 있다는 것을 알았기 때문이다. 그래서 문학 연구자들은 이치요 일기 이후 발간된 유명인들 일기가 본심일지 의심한다. 사후 공개를 전제로 쓴 또 하나의 픽션일 가능성이 있어서다.

새 지폐는 처음부터 여성 문화인을 선택하기로 결정돼 있었고 재무성은 수많은 후보 중에 이치요를 선택했다. 당시 재무대신 시오카와 마사주로는 "지폐는 한 나라의 역사, 문화와 전통을 반영해야 하고 국민에게 사랑받고 친숙한 것이 중요"하다고 강조했다. 나아가 "남녀 공동 참여 사회가 실현되는 것이 중요"한데 "히구치 이치요는 여성의 사회 진출 선구자로서 21세기 일본 사회의 방향성을 제시할 만한 인물"이라며 선정 이유를 설명했다. 재무성 홈페이지에도 같은 내용이 실렸다.

흥미로운 점은 재무대신과 재무성이 발표한 이치요에 대한 평가가 여성 천황제 찬성 논리로 사용되었다는 사실이다. 이치요의 5천 엔권이 결정되기 반년 전, 아이코(현 천황 부부의 장녀, 2001년 12월 1일생) 씨가 태어났고 당시 천황에게는 손녀밖에 없었다. 대를 잇는 아들이 태어나지 않는다면 구 황족의 자손을 양자로 삼던지 여성 천황을 받아들여야 하는 상황이었다.

아이코 씨가 태어난 다음 날 아사히신문에 자민당 노나카 히로무 전 간사장의 발언이 게재되었다. 노나카는 황실 전범(典範) 개정론이 나오는 분위기에 대해 "일본은 남녀 공동 참여 사회를 목표로 하며 외국에 사례가 있으니 개정은 당연히 가능하다"고 말했다. 같은 날 아사히신문은 '여야에서 여제론 재부상 황실 전범 개정 요구하는 목소리'라는 제목으로 자민당 나카소네 야스히로 전 총리의 발언을 소개했는데 내용은 노나카 발언과 비슷했다.

1990년대 페미니즘 연구가 문학 연구에 도입되면서 많은 여성 연구자가 장남이 아닌데도 예외적으로 호주를 계승하고 강하게 살아가는 이치요를 재평가한다. 이들 연구는 이치요를 지폐 인물로 채택하는 근거로 활용되는 동시에 자민당의 여성 천황 옹립 근거로 전용된다.

정치권의 문화 사용법, 신사임당과 히구치 이치요

지폐 유통이 시작된 2004년은 '이치요의 해'라고 해도 과언이 아니다. 소세키와 이치요의 우표 세트가 발행되었다. 버스 카드의 인기 초상도 이치요였다. TBS는 당시 전성기였던 우치야마 리나를 주인공으로 드라마 〈히구치 이치요 이야기〉를 제작했고, 그해 말 NHK 홍백가합전에서 엔카 스타 이시카와 사유리가 〈이치요 사랑가〉를 불렀다. 이치요 관련 출판 역시 늘어났다. 지폐 얼굴이 되기 전에는 대중 독자가 거의 눈을 돌리지 않는 학술서 중심이었는데, 지폐 얼굴이 된 이후에는 아동서, 특히 전기 출판이 두드러졌다. 사자에상, 도라에몽과 더불어 3대 애니메이션이라 불리는 치비 마루코짱의 만화 전기 시리즈에 포함된 사례가 대표적이다. 또 2004년에는 이와나미 주니어 신서에도 포함되었다. 이치요와 관련된 출판물을 아마존에서 검색하면 2009년 2월 20일에는 304건이었는데, 2011년 6월 1일 920건, 2025년 2월 2일 검색에서는 1,000건을 넘겼다. 화폐의 얼굴이 된다는 것은 곧 화폐가 쓰이는 모든 곳에 이치요의 얼굴이 알려진다는 의미다. '국민작가' 탄생이다.

2006년 9월, 아키시노미야 가의 장남 히사히토 씨가 태어난 이후 여성 천황 논쟁은 사그라들었다. 여성 천황을 탄생시키기 위해 황실 전범을 개정하는 것이 젠더 해방으로 연결되지 않음은 확실하다. 남녀 공동 참여 사회를 추진하고 황실 전범 개정을 시도한 고이즈미 정권이 교육 현장에서 젠더프리 운동을 강하게 억압했기 때문이다.

그런데 왜 히구치 이치요여야만 했을까? 일본 문학사를 살펴보면 매력적인 여성 소설가는 얼마든지 있었다. 그들 대부분은 여성으로서 당연시되는 '의무'를 굴레로 여기고 종종 튀는 행동을 하기 일쑤였다. 또 그들은 필요 이상으로 학력이 높았거나, 집을 나갔거나, 불륜을 했거나, 레즈비언이었거나, 사회주의 혁명을 꿈꾸었다. 전쟁기에는 남성보다 용감하게 전장에 뛰어들어 종군기를 쓰기도 했다. 이러한 이미지를 여성 천황 이미지에 덧씌

우기를 원하지 않았을지도 모르겠다.

화폐가 외교 분쟁을 일으킬 소지가 있다는 점을 생각하면 히구치 이치요가 일본의 얼굴이 될 수 있었던 것은 그가 청일전쟁 이듬해에 사망했기 때문이다. 히구치 이치요가 작가로 활약한 것은 불과 4년 정도였다. 스물네 살에 요절한 그는 조선 등 식민지에 대한 차별적 시선, 침략 전쟁에 대한 협력 혹은 사회주의 사상 문제에서 자유로웠다. 더구나 드라마 〈히구치 이치요 이야기〉가 그려냈듯 스승을 향한 이치요의 순애보는 '처녀성'을 연상시켰다. 일본 제국의 죄를 짊어지지 않고 '처녀'로 죽은 완전무결한 '여자' 이치요가, 일본 정치권력에게는 완전무결한 여성 문화인이었던 걸까.

지금 환율 시장은 요동 치지만 신사임당이 한국 지폐의 얼굴이 되었던 당시, 히구치 이치요(5천 엔)와 신사임당(5만 원)은 등가교환이 가능했다. 신사임당은 시대착오고 이치요는 미래지향적인지……. 바야흐로 한국 문화가 주목을 받던 시절이었다. 교실에서 학생들과 이 주제로 토론하던 기억이 새롭다.

왜 나카지마 교코인가, 왜 도서관인가

나는 도쿄에서 일본 근현대 문학을 가르치는 일을 20년 이상 해왔다. 교실에서 여러 일본 작가의 작품을 강의하고 과제 도서를 골라 대학생들에게 발표를 시키는데, 때때로 나카지마 교코 작품을 수업 교재로 사용한다. 그의 작품이 근현대 일본 문학과 문화에 내재된 젠더, 내셔널리즘, 레이시즘 문제를 비판적으로 사고하는 데 매우 효과적이기 때문이다. 물론 동일한 효과가 기대되는 다른 작품이 없진 않다.

그럼에도 왜 나카지마 교코인가. 이유는 간단하다. 나카지마 작품은 재미있다. '문학'이 어렵다고 거리를 둔 독자들을 살살 달래가며 끝내 완주를 시킨다. 이른바 '국문학과(일본 문학과)'를 선택하고 중고등학교 국어 교사를 꿈꾸는 학생조차 학과 지망 이유가 "문학이 좋아서"가 아닌 시대다. 그런 현상을 비판하고 난해한 텍스트를 1, 2학년생들에게 읽힐 권력을 가진 이가 교사지만 교육 효과는 그다지 좋지 않다. "졸업만 해봐라. 영원히 문학과 안녕"하겠다는 마음을 다지게 하는 수업을 하고 싶지는 않다. 잠재적 문학 독자를 늘리는 것이 내 직업 안정에도 도움이 되기에 학생들과 같이 읽는 텍스트는 신중히 선택한다.

민감한 주제를 함께 고민하면서 동시에 문학이 주는 즐거움을 느끼게 하는 나카지마의 글은, 문학 수업 도입 교재 또는 일반 독자를 대상으로 하는 강연에서는 최고의 텍스트다. 반응도 좋다. 그의 신작이 나오면 반드시 구입하고 정독하는 이유다.

민감한 주제를 재밌게 다루는 작가

나카지마 교코는 나오키상 수상 작가다. 한국어 나무위키나 위키백과 등 주요 검색 사이트에 나오키상은 대중문학, 아쿠타가와상은 순문학에 주는 상이라고 소개

중국 전선에 펜부대를 파견한다는 도쿄니치니치신문(1938.8.24) 기사.
기쿠치 간이 대표가 되어 선발을 담당했고 많은 작가가 관심을 보였다.

되어 있다. 한국에서 인기가 높은 히가시노 게이고도 나오키상 수상자다. 이 상은 1935년 분게이슌주 사장인 기쿠치 간이 제정했다. 당시 기쿠치 간은 대중문학 작가로 명성이 드높았다. 식민지 조선에서도 통속소설 『진주부인』이 유행하면서 애독자를 많이 확보했다. 일본 제국이 문학자 전쟁 협력을 요구하는 펜부대를 창설할 때 그에게 작가 대표를 맡긴 이유이기도 하다.

기쿠치 간은 식민지에 관심이 많아서 조선인 작가의 작품을 일본어로 번역해 소개했고 1939년에는 조선예술상을 제정, 1940년 제1회 조선예술상을 이광수에게 수여했다. 조선예술상 심사위원은 가와바타 야스나리, 기쿠치 간, 구메 마사오, 고지마 마사지로, 사토 하루오, 무로 사이세이, 요코미치 리이치 등 아쿠타가와상 심사위원과 동일했다. 이들은 1939년 김사량의 「빛 속으로」를 높이 평가해 아쿠타가와상 후보작으로 선정했다. 당시는 아쿠타가와상의 영향력이 상당해서 후보작이 되었을 뿐인데도 김사량은 큰 주목을 받았다.

이회성이 재일 작가로서는 처음으로 1972년 아쿠타가와상을 수상하자 한국 정부가 특별 초청할 정도로 한국에서도 이 수상에 대한 관심이 지대했고 이회성은 영웅 대접을 받았다. 순문학이 특별했던 시기다. 아쿠타가와상은 신인 작가의 문학성을 담보해주는 훌륭한 증명서였다. 이에 반해 나오키상은 대중소설 즉 대중이 부담 없이 읽을 만한 재밌는 소설이라는 이미지가 강했다. 덕분에 이 상은 흥행 보증 수표로 자리 잡았다.

아쿠타가와상과 나오키상이 순문학과 대중문학의 경계선이라는 인식을 완전히 깨버린 이가 1999년에 등장한다. 일본펜클럽 여성 최초 회장인 기리노 나쓰오다. 2021년 7월 19일, NHK 뉴스는 '반동 및 차별과 싸운다'라는 제목으로 그의 취임 기자 회견을 전했다. 기리노가

『부드러운 볼』로 나오키상을 수상했을 때, 아쿠타가와상 수상작보다 문학성에서 비교 우위에 있음이 화제가 되었다. 그 후 문학 시장에서 성적도 좋고 작품 평가도 높은 작가들의 나오키상 수상이 이어졌고 그들은 대중문학과 순문학이라는 경계가 무의미함을 보여줬다. 나카지마 교코는 바로 그러한 새로운 흐름의 대표주자다.

나카지마가 쓴 장편소설 대부분이 문학상을 받았고 2010년 나오키상을 수상한 『작은 집』은 2014년 영화로 제작됐다. 감독은 거장 야마다 요지. 그가 만든 영화는 베를린국제영화제에서 은곰상(여우주연상)을 수상했고 같은 해 일본아카데미상 10개 부문 수상, 그 밖에 각종 영화 관련 평가 차트에서 높은 평가를 받았다. 영화를 향한 주목이 원작 소설 『작은 집』과 나카지마 교코의 지명도를 올렸다.

또 2021년 발표한 『상냥한 고양이』는 NHK가 토요드라마로 제작해 큰 화제를 모았다. 주제가 매우 특별했기 때문이다. 2020년 5월 7일부터 1년여에 걸쳐 요미우리신문에 연재된 이 소설은 미혼모 보육 교사 미유키와 스리랑카 출신 이주 노동자 쿠마라의 사랑을 미유키 딸인 마야의 시점으로 그린 작품이다. 두 사람이 혼인신고를 한 직후에 쿠마라는 오버스테이 혐의로 입국관리국 시설에 수용되고 모국으로 강제송환 명령을 받는다. 새로운 가족을 이룬 세 사람이 일본에서 같이 생활하기 위한 재판과 구명 운동을 중심으로 이야기가 펼쳐진다.

일본도 한국도 이민 국가다. 그동안 많은 사람이 기회를 찾아 국경 밖으로 나갔고 또 많은 이들이 새로운 삶을 찾아 이주해왔다. 외국인 재류 자격을 둘러싼 합법과 불법의 경계는 애매하고 일순간 나도 언제 불법이라는 낙인이 찍힐지 모른다. 30년 이상 외국 생활을 하면서 체득한 결론이다. 그래서 나는 보수화가 진행되는 사회에서 레이시즘 공격을 받기 쉬운 미등록 외국인 문제를 전면에 다룬 나카지마 소설에 일본인 독자가 관심을 쏟는다는 점에 고무되었다. 나카지마는 현실에서도 외국인의 권리, 특히 미등록 외국인 인권 문제를 개선하는 운동에 동참하고 있다.

일본 제국의 침략사를 비판하는 도서관 역사소설

나카지마 교코는 문학 독자의 감성을 충분히 만족시키면서 여성이나 외국인 등 일본의 오랜 문학사에서 배제된 이들의 목소리를 소설을 통해 부상시키고, 사회 주류(일본인)에게 타자의 아픔을 느끼게 한다. 『꿈꾸는 도서관』도 그러한 작품 계보에 속한다. 이 소설은 우에노에 있는 '제국도서관' 역사와 제국도서관 이야기를 남기고 싶어 하던 기와코라는 여성의 인생사가 절묘하게 교차되면서 전개된다. 그렇지만 삼인칭 화자가 특정 시점 인물(주인공)을 부각시키며 전개하는 이야기 또는 '나'라는 일인칭 화자가 전하는 이야기로 줄거리를 파악하는 독서에 익숙한 독자는 이 소설을 읽으면서 의아할 수 있다. "이건 뭐지?"

도서관이 주인공인 이 소설은 일인칭으로 전개되는 도서관 밖 여자들 이야기와 삼인칭 서사가 전하는 도서관 역사가 교차되고, 또 어느 순간에는 도서관이 의인화해 일인칭 화자가 되기 때문이다. 수많은 목소리가 내 인생 이야기를 들어달라고 동시에 외쳐대기에 마치 작은 교향악단이 연주하는 현대음악의 불협화음을 듣는 느낌에 빠지는 순간도 있다.

그러나 나카지마 교코의 소설에 익숙한 독자에게는 놀라운 일이 아니다. 일단 숙련된 소설 장인의 실력을 믿고 낯선 고유명사와 사건이 나오면 인공지능에게 묻거나 가볍게 검색하면서 즐겨보시라 권하고 싶다. 소설 속에

『꿈꾸는 도서관』 표지

제국도서관 내부는 옛 모습 그대로 복원돼
지금은 국제어린이도서관으로 사용되고 있다.

서 도서관의 역사는 일본 제국의 침략사를 비판적으로 재구축하고, 도서관 밖 여성들의 역사는 기와코라는 전쟁고아였던 여성의 인생사를 재구성하는 측면이 강하다.

소설을 즐기는 방법은 다양하다. 당신이 문학 연구자가 아니고 학술 논문을 쓸 필요가 없다면 자기 취향에 맞춰 마음껏 이래저래 상상하면서 즐기면 된다. 나라면 이렇게 읽을 수도 있다. 나는 출판 문화사 연구자이기도 하다. 일본 제국과 식민지 조선의 도서관 역사를 공부한다. 『꿈꾸는 도서관』에 나가이 가후의 아버지인 나가이 규이치로가 제국도서관 전신인 서적관 시설 확충을 위해 고군분투하는 에피소드가 있다. 부국강병과 침략 전쟁을 최우선시하던 일본 제국의 정치권력과 교섭하면서 도서관을 건립하고 지키려는 노력은 같은 시기 식민지 조선에서도 벌어진 일이다.

1921년 11월 13일, 동아일보에 평양지국 기자가 쓴 「도서관 설치를 절규함」이 게재됐다. 이 기사는 평양이 조선 제2의 도시라는 점과 인구가 이미 7만 명을 넘어선다는 점을 언급하며 이런 도시에 "간절하고도 필요한 도서류의 비치 기관이 무(無)하다 함은 평양 인사들의 무능을 표시함이며 따라서 치욕됨이 아닌가. 실로 통탄하며 절규함을 피치 못하겠다"라고 한탄했다. 식민지 조선의 다른 지역도 같은 상황이었다.

1920년대부터 1930년대 초반까지 조선에는 경성도서관(1920년), 경성부립도서관(1922년), 조선총독부도서관(1925년), 경성제국대학도서관(1926년), 평양의 인정도서관(1931년)이 연달아 개관했다. 그 가운데 경성도서관과 인정도서관은 조선인이 운영하던 곳으로, 조선인 이용자가 유독 많았다. 이는 그 두 곳이 여타 다른 도서관은 거의 갖추지 않았던 조선어 서적들을 소장했다는 점과 깊이 관계되어 있다. 1910년부터 도서관은 줄곧 증가하여 1932년에 정점을 맞이한다. 이후 도서관 수는 줄어들지만 이용자 수는 늘어간다. 경성도서관이 개관한 1920년에는 이용자가 56,282명이었지만, 인정도서관이 본격적으로 가동되기 시작한 1932년에는 100만 명을 넘어선다. 도서관 이용자 증가는 일반 학교의 조선인 입학 지원자 증가와 연동된다. 일본어 리터러시(문자 활용력)를 갖춘 조선인이 늘어났던 것이다.

잘 알다시피 식민지 조선인에게는 의무교육이 실시되지 않았다. 자비 또는 빚을 내서 근대 교육을 받길 원하더라도 학교가 충분치 않은 상황이었다. 많은 조선인이

신문을 읽기 위해 도서관에 갔고 각종 자격시험 공부를 하기 위해 도서관에 갔다. 1920년대는 대량 출판 시대이고 경제적 여유가 있는 이들은 책이나 신문, 잡지를 직접 구입했다. 당시 신문실 이용자 통계를 보면 일본인은 거의 없고 조선인이 대부분이었다. 저렴한 신문을 살 여유조차 없는 조선인이 많았다는 이야기로, 당시 조선어 신문도 그렇게 보도했다.

도서관 뒤에 숨은 기억, 감추고 싶은 우에노 역사

도서관은 특별한 전문 서적을 보러 가는 곳이기도 했다. 제국의 중심 도쿄도 별반 다를 바가 없었다. 그렇기에 『꿈꾸는 도서관』 속 도서관 이야기는 일본인들 이야기면서도 식민지 도서관 역사를 상상하면서 읽을 수 있다. 돈이 없어 너덜너덜한 옷을 입고 우에노 도서관에 매일 다녔다던 히구치 이치요가 도서관의 사랑을 듬뿍 받았다고 쓰여 있다. 어쩌면 도서관은 조선의 가난한 이용자들에게도 깊은 애정을 품고 지켜봤을지도 모른다.

내가 책이나 논문을 쓰기 위해 참조해온 도서관의 역사는 도서관 입장에서 쓰이거나 민간인 이용자 입장에서 쓰여 있지 않다. 제국의 정사다. 소설은 허구의 예술이

패전 후(1946년 8월) 우에노 지하도 풍경.
일본 신문을 검색해보면 우에노 지하도에 모여든 전쟁고아가 큰 이슈가 되었다.
『꿈꾸는 도서관』의 기와코도 오빠들도 사진 속 이들이었다.

다. 이것이 역사적 사실이라고 생각하면 진실 논쟁에 빠지기 쉽다. 그러나 허구이기에 도서관이 히구치 이치요, 미야자와 겐지, 패전 직전에 살해당한 우에노동물원 동물들처럼 충분히 자기 이야기를 남기지 못하고 세상을 떠난 이들의 목소리를 대변할 수 있다. 이 소설을 읽는 독자의 머릿속에서 정사와 허구가 만나 새로운 역사의 가능성이 모색된다.

또 도서관 밖 이야기에는 전후의 혼란기가 원풍경으로 자리 잡아 현재 시간에 영향을 미친다. 여기서 패

전 직후 우에노가 무대라는 점이 흥미롭다. 우에노는 패전 이후 도쿄의 대표적인 암시장(闇市 야미이치)이다. 점령군인 미군을 상대로 성 노동을 하던 팡팡(パンパン 양공주), 전쟁고아, 깡패들이 살아가던 생활터이고 한반도로 돌아가지 못한 조선인들의 생존을 건 노동 현장이기도 했다.

『꿈꾸는 도서관』의 일관된 주제는 기와코의 두 오빠들 찾기다. 둘째 오빠는 남창이었다. 양공주의 역사는 많이 발굴되었지만 이성애 중심으로 사고하는 현대사에서 남창의 역사는 아직도 충분히 조명 받지 못했다. 이렇게 '보통'의 '평범한' 일본인들에게 차별받는 존재들이 생존하던 우에노라는 공간은 신생 정부 권력이 충분히 작동하지 못하는 곳이었고 그들만의 룰이 있었다.

그들의 우에노 역사는 도서관이 상징하는 일본의 정사에 절대로 포함될 수 없고 오히려 감추고 싶은 기억이다. 어둠의 세계에 묻혀 있던 기억들이 전쟁고아 기와코의 인생사를 복원하는 과정에서 하나씩 드러나면서 마치 복잡한 퍼즐을 맞추듯 모양을 갖추어간다. 소설의 마지막 부분은 도서관 이야기가 이제부터 본격적으로 시작됨을 알려준다. 다음 시를 다시 한번 읽어보시라.

문은 열릴지니

부모 없는 아이에게

다리 잃은 병사에게

갈 데 없는 노파에게

명랑한 남녀추니에게

분노에 찬 야생 곰에게

슬픈 눈을 가진 남양 코끼리에게

저것은

화성으로 향하는 로켓에 올라타는 비행사들

불을 피우고 둘러앉는 법을 터득한 고대인들

그것은

꿈꾸는 자들의 낙원

진리가 우리를 자유롭게 하는 곳

굳게 닫혔던 역사의 문, 그 '문은 열릴지니'로 소설의 마지막이 '시작'된다. 여기서 귀환병 오빠와 어린 기와코는 다시 만난다. 그들의 만남은 도서관 이야기의 마지막 정리 번호 '25'라 쓰이고 '국립국회도서관 지부 우에노 도서관 앞'으로 명명된다. 도서관 안과 밖, 두 개의 이야기가 평행하게 진행되던 소설이 결합되는 순간이다. 독자에게 도서관 밖으로 밀려나 있던 수많은 '기와코'와 '오빠'들을 도서관(정사)에 밀어 넣고 다시 이야기를 써달라고 요청한다.

궁금하다. 한반도도 도서관 역사(정사) 밖으로 밀려나 감추어진 목소리가 분명히 있을 텐데. 독자 여러분이 한반도 '도서관 소설'을 써보면 어떨까.

4장

뉴커머와 공존하는 사회

❋ 마른하늘에 날벼락!

2011년 3월 11일에 일어난 동일본대지진을 한마디로 표현하라고 한다면 난 이렇게 대답하리라. 마른하늘에 날벼락. 사망자와 실종자가 2만 명이 넘는 대참사였다. 도쿄 피해는 동북 지역에 비하면 아무것도 아니었지만 당시 방사능에 관한 정보가 통제된 상태에서 느낀 극심한 불안감은 지금도 생생하다.

전날인 3월 10일 시카고대학에서 열린 국제 회의에 참석했다가 귀국한 터라 이날은 출근하지 않고 집에서 쉬고 있었다. 일본은 4월 1일에 새 학기를 맞이하므로 중학교 졸업을 앞둔 아이는 방학이었다. 지진이 난 순간 나는 너무나 놀라 몸이 전혀 움직이지 않았다. 어찌할 바를 모르고 아이 이름만 크게 불렀다. 그런데 아이는 대답하는 둥 마는 둥 바쁘게 집 안을 돌아다니며 뭔가를 하더니만 내 손을 잡아끌어 현관 쪽 복도에 앉혔다.

나중에 물어보니 가스불을 먼저 확인했고 베란다 창문과 현관문을 살짝 열어 대피로를 확보했다고 한다. 강진이 이어지면 창문이 휘어서 문이 열리지 않을 가능성이 있기 때문이란다. 그리고 비상식량과 전등, 라디오를 챙겨서 현관에 놓고 몸이 완전히 굳어 꼼짝달싹 못 하던 어미를 물건이 떨어질 염려가 없는 복도에 앉힌 것이다. 이어 조용히 자신도 내 옆에 앉았다. 어릴 때부터 도쿄에서 지진 대비 훈련을 받은 덕분일까. 무척 침착하고 담담하게 움직여서 감탄했다. 가만히 생각해보니 아이가 허둥대는 모습을 본 적이 거의 없는 것 같다.

동일본대지진과 정보 통제

집에서 멀지 않은(도보 10분, 전철 10분, 다시 도보 10분) 니혼대학 문리학부 캠퍼스에는 그날 교통이 마비되어 집에 돌아가지 못한 교직원이 100명이 넘었다. 학내 식당에 비축된 쌀로 주먹밥을 만들어 된장국과 같이 먹으며 밤을 새웠다고. 방학이라 너무나 다행이었다. 1968년 학생운동의 상징이던 학교에서 가장 낡은 건물이 피해가 제일 컸다. 천장에 달린 대형 에어컨이 떨어진 교실도 있었다. 그 밑에 누군가가 앉아 있었다면…… 상상만 해도 끔찍하다. 또 학내 교수 연구실은 책이 그득한 책꽂이가 무너지기도 했다. 만약 그 방에 누군가가 있었다면 무거운 책들은 살상 무기가 되었을지도 몰랐다. 다행히 내 집은 텔레비전이 바닥에 떨어져 깨진 피해밖에 없었다. 지진이 난 순간 어디에 누구와 어떻게 있었는지가 생사를 갈랐다.

3월 12일 후쿠시마 원자력 발전소 1호기에서, 14일 3호기에서 연달아 폭발이 일어났고 15일에는 방사능 물질이 대량 방출되었다. 방사능이 원전 주변을 돌아 북동풍을 타고 수도권으로 이동하면서 치명적인 오염을 일으켰음을 훗날 알았다. 당시 텔레비전과 인터넷으로 무너져 내리는 원전을 보면서 이것이 내게 어떤 영향을 미칠지 그땐 알지 못했다. 물론 방사능 정보가 가장 먼저 전달되어야 하는 원전 주변 주민들도 같은 상황이었다.

같은 해 9월 19일 메이지공원에서 열린 '모여라 5만 명! 안녕! 원전 집회' 연단에 지진 당시 후쿠시마현 미하루마치에 있던 무토 루이코라는 여성이 올랐다.

"눈에 보이지 않는 방사능이 쏟아내려 우리는 피폭자가 되었습니다. 빠르게 퍼지는 안전 캠페인과 불안감 사이에서 무너지는 인간관계. 날마다 무작정 결단을 강요당했습니다. '도망칠까? 그냥 있을까?', '먹을까? 말까?', '아이에게 마스크를 씌울까? 그냥 둘까?', '빨래를 밖에 널까? 말까?', '뭔가 항의를 해볼까? 조용히 있을까?' 수많은 고민과 선택을 해야 했습니다"라며 정부와의 협상, 피난, 요양, 제염(방사능 오염 물질을 제거하는 일), 방사능 측정 등 후쿠시마 현민들의 현안과 행동에 주목해달라고 호소했다.

이 기막힌 상황은 방사능 관련 정보를 은폐한 정부와 자기 규제를 한 미디어 때문이었다. 일본 정부는 예측 시스템을 통해 방사능 물질의 확산 방향을 알았음에도 불구하고 국민 동요를 막기 위해 발표하지 않았고 미디어 대부분은 이에 따랐다. 권력은 강하게 정보를 통제했다. '가만히 있으라'는 지시를 따른 수많은 사람이 방사능 피폭 피해를 입었다. 후쿠시마 원전 사고가 인재라고 불리는 이유 중 하나다.

정보도 없고 통신 수단도 단절된 곳에서 소문과 풍

문에 의존하던 원전 근처 주민들이 바람을 타고 퍼지는 방사능 물질과 같은 방향으로 피난하거나 조금은 안전한 장소라고 생각되는 야외에서 밥을 지어 먹다가 방사능에 노출되는 어이없는 일이 일어났다. 이는 3월 15일부터 후쿠시마에 들어가 방사능 오염 지도를 만들어 정보 제공에 힘을 쏟은 NHK ETV 특집 취재팀에 의해 밝혀졌다.

당시 도쿄에 있던 나는 전화가 불통이었기 때문에 다른 연락 수단을 찾아야 했다. 처음에는 지진 전부터 사용하던 스카이프를 활용했는데 한국과 미국에 사는 가족과 지인들이 알려주는 정보는 내가 일본에서 일본어로 접하는 것과 많이 달랐다. 내 상황을 확인하려고 SNS를 시작했다. 페이스북과 트위터에는 각종 정보가 넘쳤다. 어떤 정보를 믿어야 할지 판단이 서지 않았다. 일단 외국 미디어 뉴스를 적극적으로 찾아보았다. AI 번역이 없던 시대였다.

독일 미디어로 알게 된 방사능 오염 지도

독일 정보가 상당히 신속, 정확하다는 말을 들었기에 무슨 말인지 거의 몰랐지만 사진과 수치화된 데이터 표를 계속 들여다보았고 미국과 한국이 내보내는 정보를 참조했다. 자국에서 벌어진 비극이 아니면 충격적인 사진과 절망적인 데이터를 조금 과하게 쏟아내며 시청자나 독자 확보에 나서는 것이 미디어의 생리다. 독일 미디어가 보여주는 일본 방사능 오염 지도는 그야말로 놀라웠다. 내가 사는 바로 그 장소가 위험 수치를 넘어섰음을 알리는 빨간색으로 천천히 번져가는 모습을 되풀이해 보여줬다. 정말 큰일이 났구나, 실감했다.

급한 마음에 일단 아이를 살려야겠다는 생각이 들었다. 원폭 문학을 공부한 적이 있어 어린 시절 피폭이 평생 사람에게 얼마나 잔인한 고통을 남기는지 잘 알았다. 다음 날 아침 일어나자마자 아이 손을 잡고 공항으로 달려갔다. 비행기 표가 있는지 비행기가 뜨는지 따위를 생각할 여유는 없었다.

기억이란 참 묘하다. 아이를 비행기에 태운 것이 며칠인지, 나리타인지 하네다인지, 공항 모습이 어떠했는지 전혀 기억나지 않는다. 혹시 내가 착각한 걸까 싶어 아이 여권을 찾아보니 3월 16일 하네다 출국 도장이 찍혀 있었다. 아이를 광주로 떠나보내고 나는 바로 나라에 사는 친구 집으로 피난을 갔다. 교토역에서 내린 나는 큰 충격을 받았다. 도쿄와 전혀 다른 평화로운 일상이 흘렀기 때문이다. 친구가 출근한 사이 관광객 무리에 섞여 교토 관광지를 하루 종일 걸어 다녔다. 마냥 즐거워 보이는 관광객들을 바라보며 난 한없이 불편했고 울컥했다. 여기는 내가 있을 곳이 아니라는 생각이 들었다. 피난한 지 나흘. 나는 다시 도쿄로 돌아왔다.

2011년 3월 19일 발매된 『AERA』(아사히신문사) 표지는 '방사능이 온다'라는 문장을 잡지명 바로 밑에 크게 쓰고, 방호 마스크를 착용한 사람 얼굴로 채웠다. 항의가 빗발쳤다. 저명한 극작가인 노다 히데키는 "재미 삼아 사람들을 선동하는 차원"의 놀음으로 치부했고 이 잡지 연재를 중단했다. 아사히신문사는 트윗을 통해 "공포심을 부추긴다"는 비판을 받았다는 이유로 3월 21일에 사과했다.

> 『AERA』 이번호 표지 및 광고에 관해 비판과 의견을 주셨습니다. 편집부는 공포심을 조장할 의도는 없었고 후쿠시마 제1원전 사고의 심각함을 전할 의도로 사진과 제목을 게재했습니다. 불쾌하셨을 여러분께 진심으로 사과드립니다.

편집부는 이번에 보내주신 의견을 성심으로 받아들여 앞으로 여러 각도에서 전력을 다해 진재 보도를 이어가겠습니다. 마지막으로 피해자, 관계자 여러분께 진심을 다해 사과드립니다.

『AERA』는 도쿄전력이 행한 사고 대응 문제점을 지적했고 방사능이 인체에 미치는 영향을 설명했을 뿐인데도 말하지 말라는 무언의 압력을 받았다. 아사히신문사가 사죄한 날 『주간 포스트』는 '일본을 믿자'라는 제목을 달아 방사능 오염과 데마(demagog 유언비어라는 뜻) 특집을 실었다. 표지 사진은 자위대가 갓난아이를 구조하는 장면이 두드러지게 강조되었다.

진실을 알고 싶은 사람들의 데모

기업 협찬 광고를 잡지 유지 근간으로 삼는 대형 미디어가 원전 관련 기업의 압력을 이겨내지 못하리라는 소문이 돌았다. 대형 미디어가 여러 가지 압력에 눌려 꼼짝달싹 못 하는 상황에서 그나마 인문학 잡지, 『플레이보이』, 여성 잡지가 방사능 위험을 말하기 시작했다. 정말 답답했다. 나와 같은 마음을 가진 이들과 페이스북에 비밀 그룹을 만들어 대화를 나눴다.

4월 중순 시애틀에 있는 워싱턴대학을 예정대로 방문했다. 열흘 정도 머물면서 대학원 강의, 특별 강의를 했다. 많은 사람이 방사능과 쓰나미 피해를 알고 싶어 했는데, 정작 내가 가진 정보는 보잘것없었다. 거꾸로 워싱턴대학의 지인과 학생이, 미국 미디어 취재기자들이 현지에서 전하는 소식을 잔뜩 알려줬다. 일본 미디어와의 정보 내용 차이를 보면서 『AERA』가 사죄해야 하는 상황을 방관하거나 침묵하는 게 맞는지 갈등이 생겼다. 아직 영주권을 받기 전이었다. 영주권을 받는다고 해도 7년에 한 번 갱신하기에 외국인이 권력과 갈등 관계에 놓이면 국외 추방을 각오해야 했다. 그렇지만 이건 정말 아니지 않은가.

마침내 진실을 알고 싶은 사람들이 데모를 하기 시작했다. 무라카미 하루키의 『노르웨이의 숲』 배경은 1968년 대학 학생운동이다. 주인공 와타나베는 대학생이 거리로 나와 사회에 저항하는 행위가 당연한 시대에 그것을 방관하는 청년으로 그려진다. 1960년대는 미일안보조약과 베트남전쟁 반대운동, 1968년 학생운동 등 크고 작은 데모가 이어졌기에 그 시절을 살아온 일본 시민들은 데모에 익숙했다. 그렇지만 1960년대 이후 오랫동안 대도시에서 큰 데모는 거의 볼 수 없었다.

2011년은 특별했다. 도쿄에 전력을 공급하기 위해 후쿠시마 원전이 세워져 현지 주민들이 큰 피해를 입었다는 미안함과 자신들이 어떤 피해를 입었는지 또 장래 어떤 위험을 내포하는지 알고 싶다는 마음이 겹쳐 많은 도쿄 시민이 광장에 모여들었다. 원전을 다시 가동해서는 안 된다는 생각이 강했다. 데모 경험이 없는 이들을 위해 '첫 데모'라는 웹자보가 인터넷을 통해 확산되었다. "뭘 가져가야 하나"라는 항목에는 마치 축제에 참가하는 사람들이 가져가는 물건인 양 북과 풍선, 사탕까지 적혀 있었다. 고엔지를 중심으로 번져간 새로운 데모 문화는 한국 미디어도 주목할 만큼 즐거운 놀이로 가득했다.

SNS상에서는 와고 료이치라는 시인이 큰 주목을 받았다. 후쿠시마에서 고등학교 교사로 근무하면서 시인으로 활동하는 사람이었다. 여진이 이어지는 가운데 지진 6일째 되는 날부터 방사능 공포와 싸우며 트위터에 새로운 형식의 시를 쓰기 시작했다. 다섯 명에 불과했던 팔로워 수가 단기간에 수만 명으로 늘어갔다.

그해 그가 발표한 〈흔들리는 바구니 밑에서 검정 수

첫 데모
"와! 이참에 데모에 가볼까" 여러분에게 약간 도움이 되는 정보를 써보았습니다.
물론 그대로 하실 필요는 없답니다.
"이건 쓸 만한데"라는 내용이 있으면 한번 따라해보세요.

첩을 들었다. 뼈의 기억이 흔들리고 있었다)(『현대시 수첩』 2011년 12월호)는 2011년에 겪은 방사능 피해를 표현할 언어가 존재하지 않음을 토로하는 시였다.

폭발의 충격이 컸다고 들었다.
그리고 그 후 하늘에서 재가 많이 내렸다.
그것을 재미 삼아 잡으려고 한 사람은.
'죽음의 재다. 만지지 마라'는 핀잔을 들었다.
지금도 잊히지 않을 만큼 좋은 냄새가 났다고.
어떤 냄새가 났느냐고 묻자,
무엇에 비유할 수 없을 만큼
하지만 잊히지 않는 냄새가 주변에 충만했다고
'비유할 수 있는 말이 없다'
나는 느꼈다.
이 나라는 무섭구나.
그러나 잠시 숨을 고르고
그분이 말해주신
그 감촉 그 자체를 시에 담을 수밖에 없다고
소름이 돋았다
지금도 찾고 있다

이 지진을 표현할 비유를

그때까지 나는 자료를 끌어안고 책상에 앉아 글을 쓰며 현실과 싸워왔다. 3·11은 내게 다른 삶에 눈을 뜨라고 알려주었다. 처음으로 많은 사람과 함께 거리에 나갔다. 방사능 정보를 발신하는 페이스북 비밀 그룹에 참여해 조금씩 의견을 냈다. 또 일본 근현대 문학을 전공하던 동료들과 같이 '접속의 정치학'이라는 워크숍을 열었다. 동일본대지진 이후 적극적으로 행동에 나선 세 사람과 경험을 공유하는 자리였다.

정치학자로 일본과 뉴욕에서 활동하는 운동가들을 연결해 일본 상황을 해외에 발신하며 고엔지 데모를 주도하던 기노시타 지가야. 후쿠시마에서 태어나 센다이에서 지진을 겪고 주민들과 관광버스를 빌려 집단 탈출해 교토 등 관서 지방에서 피난 생활을 한 하야노 다카노리. 팔레스타인 문제를 연구하는 대학교수였던 그는 연구도 잠시 중단한 채 후쿠시마와 미야기 주민들이 다른 지역으로 무사히 대피하도록 돕는 일을 했다. 또 인류학자로 원전 추진파 인터뷰를 진행해온 야마구치 도모미. 원전을 찬성하는 이유와 배경이 무척 궁금했던 터라 초청했다. 놀랍게도 그해 7월 3일 열린 '접속의 정치학' 워크숍에는 학자 외에도 많은 시민이 참가했다. 여섯 시간 가까이 청중과 뜨거운 대화가 이어졌다.

나도 모르게 나는 변하고 있었다. 코로나19가 시작되기 전까지 다양한 회의를 기획했다. 여러 전공, 여러 나라 사람이 만나 이야기를 나누는 장소를 제공하고 싶었기에 참가자를 학자로 한정하지 않았다. 당시 한국 연구자들과 식민지 검열에 관한 공동 연구를 진행 중이었는데, 방사능 유출 이후 일본 미디어의 자기 검열에 따른 심각한 폐해를 보며 '검열' 연구가 세상을 이해하고 문제를 제기하는 중요한 역할을 할 수 있음을 알았다.

일본 근현대 문학이라는 좁은 세상에 사는 오타쿠에 불과했던 나는 3·11을 통해 현실 삶에 눈을 뜨고 다른 사람과 더불어 사는 법을 배웠다. 여전히 조금만 방심하면 '방콕' 인간이 되어버리지만 문을 걸어 잠그고 소통을 거부하던 젊은 시절로 돌아가는 일은 없을 것 같다.

❁ 교양 쌓기

"문학을 좋아하세요?" 아무도 내게 묻지 않는다. 내 직업을 아는 분들은 당연히 내가 문학 작품, 특히 소설을 즐겨 읽으리라고 믿기 때문이다. 물론 질문을 받을지 언정 문학 선생이니 체면상 "원래 많은 분이 문학이라 생각하는 소설 읽기를 즐겨하지 않아요"라고 말하기도 곤란하다. 내게 소설 분석은 대학원 학점을 따기 위한 공부였다. 당연히 일본에서 태어나 교육을 받고 문학을 좋아해 문학 연구자가 된 이들과 동등한 대화를 나누기에 내 '교양'은 너무나 모자랐다.

문학 연구는 꼭 소설과 시를 좋아하고 열심히 읽은

사람이 선택하는 직업은 아니다. 나는 문학 작품보다 오래된 신문이나 잡지 읽기를 좋아한다. 또 미디어와 문학이라는 장르가 어떻게 형성되고 유지되는지에 관심이 많다.

베스트셀러 타이밍이 궁금해

불후의 명작이라고 하면 대부분 위대한 문호가 영혼을 쏟아부은 신성한 작품을 떠올린다. 거기엔 이미 훌륭한 작품이라는 전제가 깔려 있다. 개별 작품이나 작가에 대한 평가가 갈리기는 해도 무라카미 하루키나 오에 겐자부로처럼 시대별로 비슷한 명성을 지닌 문호들이 존재한다. 그렇다면 문학자와 문학 텍스트가 어떤 타이밍에서 어떤 사회적·문화적 우연을 통해 문호가 되고 명작이 되는 걸까.

예컨대 무라카미 하루키의 『노르웨이 숲』은 1987년 출간 당시에도 주목받았지만 진정한 베스트셀러가 된 것은 1988년 연말 크리스마스 상품으로 둔갑한 덕분이었다. 쇼와 천황이 사경을 헤매던 이때, 일본에서는 송년회와 크리스마스트리를 자제했다. 『노르웨이 숲』 편집을 담당했던 기쿠라 요코는 아사히신문(1988년 12월 25일 조간) '왜 350만 부인가'라는 기사에서 이렇게 말했다.

> 상당히 폭발적이었어요. 판매가 정체되는 상황이었는데 마침 크리스마스였던 지라 띠지를 금색으로 바꿨죠. 그러자 빨강과 녹색 표지에 금색이니까, 크리스마스 선물로 안성맞춤이 된 거예요. 그 후 다시 팔리기 시작하더니 기세가 멈추지 않더라고요.

『노르웨이 숲』은 죽어가는 천황을 위해 숙연함을 강요하는 사회적 압력에 맞선 대항 상품으로 빅 히트를 친 셈이다. 이후 하루키 소설은 발매되는 속속 베스트셀러

빨강과 초록, 금색이 어우러져 크리스마스를 연상시키는 『노르웨이 숲』 상·하권.

에 오른다. 작품에 따라 폄하하는 사람도 많지만 그들조차 하루키 문학성을 의심하진 않는다. 천황 죽음과 엇갈리며 무라카미 하루키는 부동의 문학계 왕좌를 거머쥐게 된다.

이렇듯 문학 상품이 부상하고 '문학적 가치'가 부여되는 과정을 조사하기 위해 나는 출판사 경영 자료를 찾아보고 출판사 사장이나 편집자의 업무 일지, 회고록까지 참고한다. 또 방대한 신문과 잡지 자료를 활용한다. 인터넷으로 미디어 검색이 가능한 한국과 달리 일본 미디어는 마이크로필름이나 영인본으로 봐야 해서 지방지를 읽으려고 전국 도서관을 돌아다닌다. 문학 작품보다는 문학 작품 광고, 독자 엽서와 투고 읽기를 즐긴다. 명작이 명작으로 인정받는 요소는 시대 화두와 깊은 관련이 있기에 뉴스도 자세히 살펴본다. 신문소설 역시 연재란이 어떤 뉴스에 둘러싸여 있느냐에 더 관심이 쏠린다.

나의 관심은 옛 신문과 미디어 읽기

일본 미디어는 청일전쟁과 러일전쟁을 통해 급성장했다. 전쟁 보도가 수익의 일등 공신이었다. 예나 지금이나 사람들은 자기 생명을 위협하지 않는 물 건너 저편에

1905년 5월 28일, 러일전쟁 당시 도쿄아사히신문사 앞.
해상 전투 호외를 사기 위해 모인 사람들(『아사히신문사사 메이지편』).

서 치러지는 전쟁에 흥미를 갖는다. 일본 근대사는 전쟁으로 시작해 전쟁으로 끝나지만 일반인에게 1940년대 미군 공습이 있기 전까지 내가 언제 죽을지 모른다는 절박감은 없었다. 물론 자기 가족, 친지, 이웃이 출정한 전쟁에 관심이 많아서 실감 나는 사진이 가득 담긴 사진집, 전쟁 보도와 전쟁 영웅에 관한 이야기로 풍부한 신문과 잡지를 사 보았다. 생생한 보도 영상 역할을 한 건 유명 소설가들의 글을 통한 전쟁 중계였다. 미디어는 비싼 돈을 지불하면서 소설가들을 전쟁터로 보냈다. 호기심 많은 소설가가 마다할 이유는 없었다. 일본 신문과 잡지 미디어의 전쟁 보도 스타일은 이때 확립되었다.

당연히 청일전쟁, 러일전쟁을 거치면서 신문 독자는 급격히 늘었다. 속도를 다투는 전쟁 보도의 승자가 되기 위해 신문사들은 인쇄 기계를 독일에서 수입하는 등 설비 투자에 열을 올렸다. 100만 독자를 내다보는 대량 인쇄 시대가 예감될 정도로 시장이 커졌다.

문제는 전쟁이 끝난 다음이었다. 전쟁 관련 지면을 무엇으로 어떻게 메워야 독자들을 붙잡아둘 수 있을까. 미디어는 러일전쟁이 끝난 이후 전쟁 보도를 대신할 매력적인 스타 찾기에 혈안이 되었다. 그 과정에서 나쓰메 소세키가 제국대학 교수를 그만두고 아사히신문사 기자가 되었다. 그는 요미우리신문과 아사히신문이 제시한 스카우트 조건을 비교한 뒤 보다 좋은 조건을 제시한 아사히신문을 선택했다. 소세키가 위대한 이유는 단지 명작을 많이 썼기 때문만은 아니다. 소설가도 돈을 잘 버는 직업이라는 점, 자본주의 사회에서 경제적 지위 부상이 명예를 가져다준다는 사실을 보여주었기 때문이다. 이렇듯 문학과 관련된 문화 현상은 끝없이 이어진다.

나는 미디어가 만들어내는 문화 상품에 대한 글을 주로 쓴다. 물론 다른 문학 연구자들과 협업하면서 문학 텍스트도 분석하고 현대소설 평론도 발표한다. 그렇지만 문학 텍스트의 내재적 가치에 관한 믿음은 별로 없다. 신문은 한번 읽기 시작하면 식사 시간도 잊고 하루 종일 기계 앞에 앉아 쭉쭉 읽어 나간다. 한편 장편소설을 읽을 때는 자주 자리에서 일어나 주전부리를 찾는다. 옛날 신문과 미디어 읽기는 취미 생활, 소설 읽기는 때때로 고된 업무다.

내게 강도 높은 소설 읽기를 시킨 것은 시간강사라는 직업이었다. 니혼대학에 취직하기 전까지 생계 수단이던 시간강사로서 도쿄 여러 대학에서 상대가 원하는 조건에 맞춰 강의했다. 가령 나쓰메 소세키의 모교인 니쇼가쿠샤대학(전신인 한학 교육기관인 니쇼가쿠샤에서 공부한 적이 있다). 1학년 전공 필수 과목을 담당했을 때, 대학 측에서 1학기는 나쓰메 소세키, 2학기는 다니자키 준이치로에 관해 강의해달라고 요청했다. 다행히 소세키는 대학원 시절 많은 연구자가 분석 방법의 실험대로 사용했다. 나 역시 새로운 연구를 하려면 소세키의 유명 작품을 섭렵해야 했기에 크게 당황하지 않고 대처할 수 있었다. 다니자키 준이치로도 첫 지도 교수인 가사하라 선생님의 최애 작가라서 대학원 시절에 줄기차게 읽었다. 출발은 비교적 순조로웠다.

덧붙여 니쇼가쿠샤대학은 소세키 사망 100주년을 맞아 안드로이드 연구 권위자인 오사카대학 이시구로 히로시 교수와 함께 소세키 안드로이드를 만들었다.

가장 힘들었던 수업은 소설 창작법 강의였다. 지인이 안식년을 맞아 대타로 모 단기대학(전문대학)에서 1년 동안 강의를 했다. 그때를 떠올리면 지금도 얼굴이 뜨거워진다. 다른 연구자나 문학 애호가에 비해 아는 소설이 적었고 소설을 창작한 적도 없었기 때문이다. 유명 소설가

니쇼가쿠샤대학은 일본근대문학회·쇼와문학회·일본사회문학회 합동국제연구집회 개최에 맞춰 소세키 안드로이드 낭독회를 열었다(2019년 11월 24일).
사진 게재에 도움을 주신 니쇼가쿠샤대학 소세키 안드로이드 운영위원회,
니쇼가쿠샤대학 야마구치 다카나오 선생님께 감사드린다.

나 평론가가 쓴 소설 창작법 책을 닥치는 대로 사서 열심히 읽고 강의안을 만들었다. 소설 창작론 담당 경험이 많은 지인을 선생으로 삼아 방학 동안 몇 차례 강의 연습까지 했다. 눈속임에 가까웠다. 1년 동안 소설 쓰는 법을 가르치고 첨삭하면서 아는 게 많지 않음을 들킬까 봐 불안했다.

졸업논문을 지도하면서 쌓은 교양

내 직장인 니혼대학 국문학과는 중고등학교 국어 교사 양성에 힘을 기울인다. 한국과 달리 일본에서 교직은 블랙 노동이라는 이미지가 강해 지원자가 급감하는 상황이다. 우리 학교에서 교직과정을 이수하는 학생들도 자격증 취득이 목적이지 교사가 되고 싶어 하지 않는다. 최근에는 직장 찾기가 어렵지 않기 때문이다. 교직을 희망하면 졸업 후 큰 문제 없이 교단에 설 수 있건만, 교사가 부족하다. 교사들 노동 환경 개선을 둘러싸고 국회에서 심각한 논의를 벌일 정도다.

우리 학과는 국어 교사에게 필요한 문학 텍스트 분석 능력을 갖추도록 커리큘럼을 짠다. 그래서 근현대 소설과 시 분석을 훈련시키는 수업을 담당하기도 한다. 또 재학생 전원이 졸업논문을 쓰기에 매년 20명 남짓한 학생의 졸업논문을 지도한다. 3학년이 되면 학생들은 지도교수를 선택한다. 정원을 넘기면 지도 교수가 간단한 시험을 부여한다. 대부분 학생이 너무나 성실하고 열심히 졸업논문을 쓴다. 연구자가 될 생각이 없다면 그냥 대충 써도 될 것 같은데 왜 그렇게 열심인지 이해가 안 될 때가 많다. 학부 3, 4학년 학생들이 국회도서관은 물론이고 지방에 위치한 작가 기념관까지 찾아가서 자료를 구한다. 기특하면서도 나 또한 대학원 학생에게 할애하는 시간만큼 공들여 지도해야 하기에 열심히 공부해야 한다. 과거의 나라면 대충 쓰고 놀다가 졸업했을 텐데.

졸업논문 텍스트는 본인들이 자유롭게 선정한다. 3학년 때 텍스트를 선택하면 2년 동안 거의 개인 지도를 하는데, 상대는 20대 초반이다. 내가 그동안 그다지 즐겨 읽지 않던 SF, 라이트노벨, 소녀소설, 성장소설, 동화, 판타지, 호러가 인기 있고 근대보다는 현대소설이 관심 대상이다. 이들을 지도하려면 작품뿐만 아니라 관련 서적과 주요 논문을 읽고 흐름을 알아두어야 한다.

지금도 잊히지 않는 것은 아사다 테쓰야의 『마작 방랑기』다. 일본의 침략 전쟁과 전후 경제성장 같은 시대적

배경과 마작이 잘 얽혀 있다는 점은 인정하지만 마작을 한 번도 해본 적이 없어 바둑 기보와 같이 시각화된 마작판과 마작을 두는 장면은 이해하기가 정말 어려웠다. 마작을 좋아하는 지인에게 특별 수업을 받았다. 네 권이나 되는 소설을 통독하면서 얼마나 울고 싶었는지.

하쿠타 나오키의 『영원의 제로』처럼 가미카제 특공대 죽음을 미화시키는 소설을 선택하는 학생도 있었다. 논문 지도 교수로 나를 선택하는 학생들은 열린 마음이라 특히 전쟁 문제에 관해서는 성실하게 공부하겠다고 각오한다. 알고 보니 이 학생은 이 소설을 반전 소설로 오해했고, 반년 동안 여러 번 만나 토론한 후 다른 소설로 변경했다.

15년 가까이 졸업논문을 지도하는 동안 나라면 절대 선택하지 않을 작품을 많이 읽고 토론하고 지도했다. 요즘도 "이 작품은 어디서 찾았니?"라고 물어보게 되는 정말 희귀한 작품을 선택하는 학생이 꼭 있다. 내가 다양한 장르의 소설을 읽고 발언할 수 있는 것은 이러한 시간 덕분이다. 학생들은 내게 문학 공부를 시키는 귀한 스승들이다. 오늘도 변함없이 교실에서 그들과의 격투가 이어진다.

❃ 구별 짓기, 닮아가기

 한국인과 일본인은 외모로 구분하기 쉽지 않다. 구분한다고 자신하는 이들의 기준은 인종적 특징보다는 옷차림, 헤어스타일, 화장 등 외부적 요인이다.

 2000년대 초반이었던 것 같다. 김석범의 대하소설 『화산도』에 그려진 4·3 항쟁 흔적을 찾아 지도 교수님과 선배 연구자들 그리고 대학원 동기들과 함께 제주도를 방문했다. 큰 관광버스를 빌려서 이동했는데, 아직 4·3 항쟁 현장이 제대로 정비되어 있지 않았고 4·3에 관해 물으면 대답을 꺼렸다. 모른다는 분이 태반이었다. 당시 제주 분위기를 충분히 이해하지 못한 채 재일 작가 김석

범의 『화산도』와 관련된 곳을 중심으로 급하게 돌아보려던 것이 문제였다. 관광버스 기사님은 다른 일본인 관광객처럼 〈겨울연가〉 촬영지에 전혀 관심을 보이지 않는 우리를 이상하게 여기는 듯했다. 그냥 제주 명소를 돌아보라는 충고를 조심스레 건넸다. 우리는 아주 어렵게 소설 『화산도』 역사 기행을 진행했다.

외모로 구별 짓기

우리가 투숙한 숙소 주변에 카지노가 있었다. 저녁 식사 후 호기심에 잠시 들러보자는 얘기가 나왔다. 한국 국적자는 출입 금지 구역이라서 나는 당연히 입장할 수 없다고 생각했다. 그런데 입구를 지키는 분이 출입자에게 여권 제시를 요구하지 않았다. 그저 눈으로 보고 한국인인지 아닌지 판단했다. 당시 일본에서 머리를 자르고 일본에서 산 옷을 입고 다니던 나는 무사통과했다. 오히려 입장을 제지당한 사람은 지도 교수님이었다. 이유를 곰곰이 되짚어보니 지도 교수님 헤어스타일이 당시 한국 중년 남성들과 상당히 비슷했다. 양쪽 귀밑을 짧게 치켜올려 깎는 일명 스포츠머리. 관광지 제주에서 일본인과 같이 이동하는 동안 내게 한국어로 말을 거는 사람은 없었던 반면 지도 교수님에게는 한국어로 길을 묻는 사람이 있었다. 외모에 관한 강한 선입견이 작용한 탓이었다.

나는 강의실에서 한중일 학생을 거의 구분하지 못한다. 특히 유학 생활이 긴 학생일수록 더욱 힘들다. 우리가 생각하는 인종 차이는 보통 자본과 계층의 차이인데, 그걸 어쩌면 인종 차이라고 착각하는지도 모른다. 인종과 계층의 이미지는 강하게 얽혀 있다.

일본에서 한때 '하프 오조사마(ハーフのお嬢様)'라는 말이 유행했다. 하프(half)는 한국어 '혼혈'과 비슷한 어감으로 온전하지 않다는 의미가 내재해서 차별어라는 인식이 보편화된 지금은 잘 사용하지 않는다. 오조사마는 '아가씨'라는 뜻. 하프 오조사마는 '백인' 후손이라는 의미가 함의돼 '예쁘다'와 '부유하다'를 연상시키는 단어였다. 인기 예능 프로그램에서 '하프 오조사마 찾기' 코너가 화제를 모았고, 그들은 유명 여성지 모델로 각광받았다. 가장 유명한 하프 오조사마는 일본을 대표하는 패션 디자이너 모리 하나에의 손녀인 모리 이즈미로, 어머니가 이탈리아계 미국인이었다. '오조사마'라는 단어에서 '흑인'을 연상하는 이는 거의 없었다. 미의 대명사는 '백

인'이었기 때문이다. 한국인이나 중국인은 이러한 비교 대상 리스트에조차 오르지 못했다.

그런데 얼마 전 유명 성형외과 광고를 보고 깜짝 놀랐다. 정확하게 기억은 못 하지만 대강 요약하면 "이제 한국까지 가실 필요가 없습니다. 저희가 배워왔습니다"라고 쓰여 있었다. 성형수술뿐만이 아니다. 한국 화장품과 화장법도 인기가 높다. 언제부터였을까, 미용 기술은 한국이 괜찮다는 인식이 퍼진 지 오래다. 학생도 학부모도 내가 다니는 필라테스 교실 선생도 가끔 묻는다. "어디가 좋아요?" 처음에는 맛집을 묻는 질문인 줄 알았다. 늘 그랬으니까. 요사이 성형외과와 피부과를 묻는 분들이 부쩍 늘었다. 그럴 때면 "나도 알고 싶어요"라고 얼버무린다. 정말 모르니까.

그래서 그런지 시내 중심 지하철역에 대문짝만하게 걸린 일본 남성 아이돌 그룹 광고 사진을 보고 한국 아이돌로 착각하거나 잡지 모델들 헤어스타일과 화장, 패션이 비슷해 자꾸 혼동한다. 특히 젊은 세대의 외모가 점점 닮아가는 것 같다.

나를 인식하는 감각이 비슷해

한국에 대한 인식 변화와 그로 인한 젊은 세대의 외형적 한국화보다 더 흥미로운 것은, 양국의 비교적 젊은 세대가 보이는 자기 인식 감각의 유사성이다. 한국 문학을 즐겨 읽는 일본 독자들 반응을 보면 한국 문학은 바다 건너 외국에서 온 문학이 아니다. 등장인물에게 나를 투영하고 마치 내 일처럼 감정이입을 한다.

나는 『82년생 김지영』을 읽은 일본 독자들을 통해 확신을 가졌다. 코로나19 시절 가장 주목받은 문화 상품

『82년생 김지영』 표지 얼굴이 공백인 것이 큰 효과를 발휘한다.
도쿄 대형 서점에 가면 당신의 사연을 적어 얼굴에 붙이라고 유도한다.

은 한국 문학이었다. 『82년생 김지영』을 일본어로 옮긴 번역가 사이토 마리코는 한국 문학 유행을 이끌어왔다. 그와 일본에서 인기가 높은 영어권 문학 번역가 고노스 유키코가 잡지 『분게이』 특집호 '한국·페미니즘·일본'에서 흥미로운 대담을 했다.

> **고노스:** (『82년생 김지영』이 팔리는 이유) 한국에서도 해명이 불가능했던 모양이군요. 이 책이 일본에서 팔린 이유는 일단 번역 작품이었기 때문이라고 생각합니다. 주인공 김지영과 같은 세대의 일본인이 '이건 내 이야기다'라고 직접적으로 받아들였던 것은 번역이라는 언어 조작이 한 단계 개입한 탓 아니었을까요.
> **사이토:** 그렇습니다. '김지영'이어서 읽힌 거지 '사토 유미코'여서는 안 되었던 거죠.
> **고노스:** 네? 사토 유미코?
> **사이토:** 1982년 일본에서 태어난 여자아이 이름 중 가장 많은 이름이 유미코라고 지쿠마쇼보에서 전해 들었습니다. 가장 많은 성이 사토니까, 김지영의 일본판은 사토 유미코인 거죠. (중략) 번역이란 약간은 판타지 섞인 감각인 겁니다.

한국에서도 자주 다루어진 이야기다. 여기서 흥미로운 사실은 '김지영'과 같은 세대인 일본어 독자가 '김지영'을 '내 이야기'라고 인식한다는 점이다. 고노스와 사이토는 그 이유를 (두 사람이 말하는 번역은, 한국어에서 일본어로의 번역) '번역'이 개입하면서 생긴 적당한 '거리'가 낳은 상승효과라고 강조한다. 사이토는 트위터에서 '#82년생김지영과나의꿈'이라는 해시태그를 단 코멘트를 투고 받았다며 다음 트윗을 보여준다.

> '겪었어, 겪었어, 이런 일'이라고 고개를 끄덕일 때마다 눈물이 났다. '여자로 태어나지 않았다면' 하고 생각하는 아이가 한 명이라도 줄어들기를. 남자아이도 마찬가지다. 다음 세대는 이런 생각을 안 했으면 좋겠어. 이런 마음이 강해졌습니다.
> #82년생김지영과나의꿈

또한 대담에 나오듯 『82년생 김지영』을 간행한 지쿠마쇼보가 '사토 유미코'라는 이름을 모색한 것을 참조하면, 소위 '김지영'은 '메이저리티(일본인) 여성'과 교환 가능한 기호로 인식되었음은 분명하다. 가장 메이저리티다운

메이저리티 '여자'인 셈이다.

그렇게 '김지영'이 일본 보통 여성의 전형이 되는 현상이 일어났다. 일본에 사는 한국인, 나와 같은 뉴커머 외국인 여성들은 '김지영'이 될 수 없었다. 일본인만이 참여하는 잔치를 옆에서 바라보는 느낌이었다.

일본 보통 여성의 전형이 된 김지영

사이토는 자신이 찾아내거나 트위터 해시태그 등으로 유도된 코멘트를 분석하면서 이 소설의 수용에는 세대 분단선이 있을 가능성을 지적했다. 그 분단선의 계기는 바로 1985년 시행된 남녀고용기회균등법. 이 법은 여자차별철폐조약비준(1985년)이 직접적 계기가 되어 제정됐다. 모집, 채용, 배치, 승진에 관한 남녀 기회균등을 의무화했고 교육 훈련, 복지 후생, 정년, 퇴직, 해고에 관한 차별을 금지했다. 하지만 전자에 관한 벌칙 규정이 빠지고 임금에 대한 규제가 없는 등 여러 비판을 받았다.

> 이 책을 번역한 저는 1960년생으로 남녀고용기회균등법 시행 이전에 사회에 나온 세대입니다. 제 세대 여성들은 '김지영'을 읽는다고 울지는 않을 것입니다. 남성 사회의

민낯에 노출되어 살아온 탓에 일종의 강함과 둔함이 있습니다. 그런데 균등법 시행 이후 세상에서 자라온 여성들은 여전히 이 세계에 존재하는 원리와 차별을 은폐하는 장치 사이 간극에 노출된 채 그것을 보지 않으려 혹은 보지 않기 위해 애쓰며 속으로 쌓아두는 일이 많습니다. 보이지 않는 벽과 싸우기란 너무 어려운 일이죠. 게다가 '보이지 않는 벽' 정도가 아니라 상상을 초월할 정도로 거대하다고 밝혀진 게 바로 도쿄대를 비롯한 대학 의학부의 입시 부정 사건입니다.

『She is』, 2019년 3·4월 특집 '꿈의 시간'

기사에 나오는 입시 부정 사건은 2018년 10개 대학 의학부에서 여성과 재수생의 득점을 일률적으로 낮게 조정해 특정 학생을 부정 입학시킨 사건을 말한다. 그 후 피해자가 소송을 제기했고 도쿄지방법원은 "합리적 이유가 없는 여성 차별"이라고 지적했다.

남녀고용기회균등법이 생기기 전 사회에 나온 1960년생 사이토 세대는 '일본 사회=남성 사회'라는 등식을 의심하지 않는다. 애초부터 이 사회에 기대가 없다는 의미다. 그래서 사이토 세대는 『82년생 김지영』을 '내 이야기'라고 생각하지 않는다. 흥미로운 지적이다. '김지영' 현상을 누구보다 몸으로 체험하며 지금은 한국 문학의 대명사가 된 사이토 마리코, 이 소설을 수입한 지쿠마쇼보가 내건 광고 전략 그리고 『분게이』가 펼친 미디어 이벤트, 또 이에 호응한 SNS 중심 독자들의 반응과 코멘트, 나아가 그것을 부감하는 일본 미디어 분석을 조합하면 이러한 해석이 잘못되었다고 여겨지지 않는다.

지쿠마쇼보가 '1953년생부터 2001년생까지' 다양한 목소리를 모아 홈페이지에 공개한 '100개의 꿈'을 보면 세대 분단선은 더욱 뚜렷해진다. 성별과 출생 연도별로 정리되어 있는데, 흥미롭게도 1950년대생은 '내'가 아니라 '내 딸'이라는 주어를 내세운다.

54년생 교코 이와키
일본에서 의대 입시를 비롯한 차별이 드러나는 상황인데도 한국처럼 큰 반동이 일어나지 않는다. 어른으로서 창피하다. 많은 일본인이 읽어야 한다. 김지영 세대인 내 세 딸에게도 꼭 추천하고 싶다.
(1995년 이혼, 세 딸을 키우는 엄마입니다.)

1960년대 초 태어난 이들은 차별을 당연시하고 '차별'에 그다지 의문을 품지 않던 젊은 시절 자신을 떠올린다.

남녀고용기회균등법 이후 세대 즉 김지영 세대는 신자유주의 세대와 거의 겹쳐 있다. 이들은 『82년생 김지영』을 비롯해 최근 일본어로 번역된 현대 한국 문학을 '내 이야기'라고 말한다. 반면 사이토와 같은 세대 여성이 쓴 일본 문학을 '내 이야기'로 읽지 않는다. 이러한 세대

'페미니즘과 한국 문학'이란 안내 문구가 걸린 일본 서점 내부.
김지영 현상을 통해 한국 문학은 페미니즘 프레임으로 수용되었다.

분단선은 신자유주의에 따른 경제적 환경 변화가 국경이나 민족이 아닌 세대 간, 계층 간 분단을 가시화시킨 결과다.

일본 여성 독자들의 '김지영' 읽기, '내가 김지영이다'는 주장은 사회적 목소리를 내기 어려운 사회에서 가능한 저항 운동의 맥락에서 생각해볼 필요가 있다. 여성으로서 감내해야 하는 소외감과 차별을 '김지영' 현상을 빌려 말하는지도 모른다.

❋ 출판 제국의 프로파간다

　나는 일본 출판 문화 연구자이기도 하다. 1900년부터 현대에 이르기까지 출판사나 신문사의 경영인, 편집인 회고록, 일지, 경영 자료 들을 닥치는 대로 읽고 조사한다. 일본 제국과 미군정이 검열이라는 명목으로 작성한 비밀 서류 또한 반드시 살펴본다.

　일본 제국은 내무성 산하에 출판 경찰을 두었으며, 사상 검사도 활약했다. 이들이 만든 출판물 감시 자료는 너무나 촘촘하고 섬세해 소름이 끼칠 정도다. 근래 내가 주목해온 주제는 이러한 감시망을 피해 판매 금지 명령이 내려져도 은밀히 유통을 이어가며 수익을 낸 출판 운동이었다. 특히 일본 제국의 합법/비합법 출판 자본이 식민지 조선의 출판 시장과 어떻게 만나는지 주목해왔다. 미디어론 수업에서 같은 내용을 다루며 학생들 반응을 살피고 의견을 묻곤 했다.

호세대학출판국 편집자인 오쿠다 노조미 선생이 내 작업에 관심을 보여주셨고 지난해 '출판 제국의 전쟁'이라는 제목으로 일본에서 간행되었다. 다행히 출간 직후부터 여러 매체와 전문가들이 책을 읽고 소개해주었다. 마이니치신문, 니혼게이자이신문, 교도통신사(23개 전국 지방신문에 게재), 도서신문 등에 서평이 게재되었고 여러 지역에서 크고 작은 북토크를 개최했다. 한국어 번역도 순조롭게 진행되어 올 6월에 푸른역사에서 '불량한 책들의 문화사'라는 제목으로 출간되었다.

출판 문화사를 공부하면서 느낀 점은 예나 지금이나 잡지 편집자와 출판 기획자는 시대 변화에 상당히 민감하다는 사실이다. 많은 이들이 출판 미디어를 사양 사업으로 취급하지만 별다른 놀잇거리가 없던 과거에는 세대, 젠더, 계층, 민족을 불문하고 책 읽기가 중요한 취미 생활 중 하나였다. 일본 제국이 전쟁 프로파간다를 위해 순문학 소설가들을 전장에 보내 종군기를 쓰게 하고 고단샤나 아사히신문사 사장을 대외 선전을 위한 전쟁 담당 부서에 동원한 이유다.

지금은 또 다른 문화 콘텐츠와 생산자들이 그 역할을 대신한다. 한류, K-콘텐츠에 대한 한국 정부의 기대와 지원에 관해서는 잘 알려져 있다. 일본에서도 2010년부터 '쿨 재팬(Cool Japan)' 정책을 내각부 특명담당(쿨 재팬 전략담당) 장관을 중심으로 여러 정부 부서가 연계해 적

2018년 암스테르담에서 목격한 쿨 재팬 엑스포 포스터.
일본의 소프트 파워를 간단히 압축해서 보여준다.

극 추진 중이다. 정부 부서마다 쿨 재팬이 무엇인지 설명이 조금 다르긴 해도 수상 직속 기관인 내각부 지적재산전략추진사무국 홈페이지에 따르면 다음과 같다.

◎쿨 재팬이란, 세계가 '쿨(멋지다)'하다고 인정하는 (그 가능성이 있는 것을 포함) 일본의 '매력'.
◎음식, 애니메이션, 팝 컬처 등에만 국한되지 않고, 세계적인 관심의 변화에 따라 무한히 확장될 가능성을 지니며 다양한 분야가 대상이 될 수 있다.
◎세계의 '공감'을 얻는 것을 통해 일본 브랜드 가치를 높이는 동시에 일본에 애정을 가진 외국인(일본 팬)을 늘림으로써 일본 소프트 파워를 강화한다.

쿨 재팬은 문화 콘텐츠를 통한 일본의 대외적인 경쟁력 강화를 노린다. 2016년 리우올림픽 폐막식에서 2020년 올림픽 주최국 일본을 대표해 등장한 당시 일본 총리인 아베 신조의 퍼포먼스를 보며 일본 정부가 쿨 재팬 전략을 진심으로 추진하고 있음을 새삼 확인했다.

아베 총리는 게임 캐릭터 슈퍼 마리오로 변장해 등장했다가 도라에몽의 순간 이동 장치를 이용해 도쿄에서 폐막식이 열린 마라카낭 주경기장으로 순간 이동하는 장면을 연출했다. 또 8분이라는 제한된 시간 속에서 최신 영상 기술로 구현한 헬로 키티, 축구 만화 주인공인 캡틴 츠바사, 후지산 등 일본 대표 이미지가 대거 등장했다. 그야말로 현대판 '총력전'이었다. 일본 미디어는 일제히 "모두가 웃음을 터뜨렸다"고 긍정적으로 표현했다. 도쿄신문 등 소수 미디어만이 아베 총리를 히틀러에 빗대거나 예산 낭비라며 비난했다. 일부 한국 미디어도 "유쾌하고 창의적인 퍼포먼스"라며 도쿄올림픽 홍보 성공을 칭찬했다.

일본 내 비판을 살펴보면 과거 침략 전쟁 프로파간다에 빗대어 도쿄올림픽 홍보가 방사능 오염 문제를 은폐하는 수단으로 사용됐다고 지적하는 경우가 많았다. 예컨대 뉴스 사이트 Hunter('오염된 올림픽-아베 마리오는 프로파간다')는 폐회식에 수상 등장은 이례적인 일이며 올림픽의 정치 이용은 히틀러 이래 처음이라고 강하게 비판했다.

"PRIME MINISTER(수상) SHINZO ABE." 일부러 직함과 이름을 화면에 크게 표기했고 영상을 아베 중심으로 꾸몄다. 마치 자민당 선거 홍보 영상처럼 보였다. 오롯이 아베를 선전하기 위한 것이었다. 올림픽을 정치적으로 이용했다.

열광적인 내외신 반응을 보면 아베 전 총리의 쿨 재팬 전략은 어느 정도 성공한 것 같다. 그야말로 '프로파간다'의 정석을 보여준 연출이다. 이런 발상은 하루아침에 가능한 것이 아니다. 일본 정부의 '프로파간다' 실험은 일본 제국 시절로 거슬러 올라가야 한다.

유쾌한 프로파간다

'프로파간다는 즐거워야 한다.' 과거 일본 군부는 강압적이고 지루한 프로파간다에 회의적이었다. 중일전쟁 초기 육군성 정보부장 시미즈 모리아키라는 사상전 강습회에서 "선전을 강요하면 안 된다. 즐기면서 자신도 모르게 자연스레 감흥하고 스며들도록 계발 교화해야 한다"라고 말했다. 침략 전쟁에 대한 대중의 자발적이고 지속적인 협력을 원했기 때문이다. 시미즈는 일본 인기 대중문화를 총동원하는 사상전을 구상했다.

일본 제국이 펼친 '사상전'은 엄격한 사상 검열과 대

중오락 매체를 매개한 '즐거운 선전'이 복잡하게 얽혀 있었다. 전승 보도가 이어지던 중일전쟁 초기, 많은 대중의 자발적 전쟁 협력은 문화 콘텐츠를 절묘하게 이용한 즐거운 프로파간다가 이룬 성과였다. 최근 1930년대 파시즘 연구에서 일본 제국 일상을 밝고 모던한 분위기로 재평가하는 담론이 등장하는 이유다. 군수 경기 호황과 '전시 잡지 붐', '출판 버블'이 공존한 분위기 그리고 출판 자본의 형성과 안정은 단순한 '언론 탄압 사관'을 불가피하게 수정하도록 했다.

근대 일본 제국이 남긴 뛰어난 프로파간다는 권력의 일방적 강요에 의하지 않았다. 오히려 민중 취향 파악에 전력을 기울인 문화 사업 주체가, 정부와 군의 눈치(자기검열)를 살피며 영리 목적으로 만들었다. 소중한 여가 시간을 정치 선전으로 도배된 부담스러운 매체와 보내고 싶은 대중은 별로 없었다.

프로파간다 최고 기술자는 고단샤 창업자 노마 기요하루였다. 1930년대는 잡지의 시대였고 노마야말로 자타가 인정하는 잡지왕이었다. 노마가 『킹』을 창간한 1925년 전후 25세 이상 남성에게 선거권을 부여하는 보통선거법이 제정되었고 다수당이 내각을 형성하는 정당 내각이 관행화되었다. 1,240만 명에 달하는 유권자가 탄생해, 이들의 정치 행동이 다수당과 정권의 향방을 좌우했다. 같은 시기 잡지 『킹』이 '특권 계급 예술'의 '전 민중으로의 해방'을 목표 삼아 대규모 광고 전략을 취하기 시작했다. 이는 결코 우연의 일치가 아니다.

노마는 잡지 『킹』 창간호의 인지도를 높이기 위해 식민지를 포함한 전국 200개 이상 신문에 연일 전면광고를 실었다. 창간호에 들인 광고 비용만 38만 엔. 창간호

1924년 12월 5일 자 도쿄니치니치신문에 실린 『킹』 창간호 광고.
『킹』은 발행 직전 거의 모든 일간지에 전면광고를 게재하고
한 부에 '50전'이라는 저가 책정 등 파격적인 마케팅을 펼쳤다.

75만 부라는 판매는 전설이 되었고 1920년대 말에는 150만이 넘는 독자를 확보했다. 『킹』의 성공은 출판 시장 광고 경쟁에 불을 지폈다. 특히 1920년대 중후반을 뜨겁게 달군 엔본(각 권 1엔, 매달 한 권씩 발행되는 전집) 선전은 치열했고, 300종 이상 각종 전집이 범람할 정도로 출판 시장 규모는 급속히 확장되었다.

이러한 『킹』과 엔본 붐을 통해 독서 대중화가 이루어지고 출판물 대량 생산·대량 소비를 통해 출판 자본주의가 확립된다. 고단샤 사장 노마는 1932년에 도쿄 거주 고액 납세자 1위가 된다. 출판사 사장이 1위를 했던 시대라니, 현재 출판 불황을 생각하면 놀랍기 그지없다. 물론 당시와 지금을 같은 선상에 놓을 수 없지만, 1930년대는 여론 형성에 잡지와 출판 등이 큰 힘을 발휘했던 시대였다.

100만 독자=대중 포섭 작전

1930년대는 제국의 출판 자본이 식민지 시장을 강하게 의식하며 독자 포섭에 열을 올렸던 시기다. 식민지 조선의 독자도 기대 이상으로 반응했다. 각종 인기 잡지뿐 아니라 출판 당일 도쿄에서 판매 금지가 되었던 『센키』

와 같은 좌익 매체도 상당히 빠른 속도로 현해탄을 건넜다. 매체마다 조선인 독자들이 보낸 엽서가 다수 소개되었다. 조선 대중이 제국 중앙의 출판 자본과 직접 대화를 함으로써 출판 영업 지도에 경성(京城)이 굵게 각인되었던 시대였다.

당시 동아일보는 "『킹』이 무지 대중에게 널리 뿌리박고 있는 잡지"(1934년 2월 9일)라고 소개했다. '잡지 보국(報国)'을 이념으로 내걸었지만 대중들 구매 의욕을 자극하는 잡지 구성은 전혀 지루하거나 따분하지 않았다. 예컨대 『킹』 지면에는 강담, 만담, 만화 등 대중 오락물은 물론이고 입신출세를 위한 처신술, 미용체조, 화장법 등이 뒤죽박죽 섞여 있었다. 문체는 아주 쉬웠고 한자는 전부 독음이 달려서 누구나 읽을 수 있었다.

때문에 식민지 조선 독자들도 열광했다. 이는 조선인 독자 엽서에도 잘 드러난다. 전남 영암에 사는 독자는 "킹이 너무나 재미있어 때때로 철야"(『킹』 1937년 3월호)를 했다. 또한 한 평양 철근 노동자는 12세에 고아가 되어 학업을 중단했지만 『킹』이 너무 좋아 반복해 읽었고 덕분에 일본어를 습득했다면서 "나의 은사"(『킹』 1939년 3월호)라고 칭송했다.

『킹』 100만 독자=대중은 출판 자본의 욕망을 자극했다. 1920년 말 최전성기를 맞이했던 사회주의 출판도 예외는 아니었다. 치안유지법이 본격적인 사상 탄압 도구가 된 것은 1928년~1929년 사이다. 흥미로운 것은 탄압 강도가 높아진 이 시기에 '사회주의' 출판물이 자본 제조기 역할을 했고 발매금지가 판매량 증가에 공헌했다는 점이다. 일본 공산당계 잡지 『센키』는 1년 중 절반을 발매금지 당한 덕에 인기 잡지로 급부상했다.

그렇지만 사회주의 관련 책에 열광하는 이들이 모두 사회주의 지지자들은 아니었다. 유행에 쓸려서 그냥 사 보는 이들이 더 많았다. 이에 일본 정부는 사회주의 책을 사면 체포하고 벌금을 물리겠다고 겁을 줬다. 교육을 담당하는 문부성은 사회주의 책 독자들은 교사 채용에 불이익을 주겠다고 했다. 힘센 사람이 억압적으로 하지 말라면 더하고 싶어지는 것이 사람 심리다. 1930년대 전후까지 사회주의 서적 인기는 식지 않았다.

역사수정주의와 대중의 변심

사회주의 상품 인기는 길지 않았다. 대중들이 싫증을 냈기 때문이다. 이것은 사회주의자의 대거 전향 사태와 동시에 일어난 현상이기에 사상 탄압 때문에 독자가 떠난 것으로 오해될 수도 있다. 물론 운동 중심에 있던 이들에게는 사활이 걸린 문제였다.

그러나 100만 독자 경쟁이 독자의 욕망 투영 경쟁을 나았고, 숫자로 환산되는 독자=대중 덩어리 크기가 신문 지면 구성까지 바꾸어버렸다. 소비자가 구매하지 않으면 이미 기업화된 출판은 살아남을 수 없었다. 마침 대중이 사회주의에 싫증을 내던 바로 그때, 만주사변을 계기로 조선과 만주 관련 기사에 대한 관심이 급증했다.

이 과정에서 소설가 장혁주, 무용가 최승희는 최고의 '조선' 상품으로 부각되었다. 원조 한류 붐은 여기서 시작되었다. 특히 최승희는 일본 정부가 펼친 대외 선전 전략의 일환으로 1930년대 말에 미국과 유럽 순회공연을 진행했다. 일본 제국에서의 최승희 인기는 최고조에 달했다. 같은 시기 다카라즈카 가극단은 유럽으로 파견되었고 히틀러 앞에서 합창을 하기도 했다. 사상 탄압은 분명 사회주의 서적 발매를 억제하는 동인이었다. 하지만 '사회주의' 독자들이 '조선' 상품 소비자로 탈바꿈하고 중일전쟁 개전에 열광했을 가능성도 무시할 수 없다.

1933년 일본공산당 최고 간부였던 사노 마나부, 나

베야마 사다치카의 전향을 계기로 대량 전향 시대가 열린다. 이들의 '전향 성명'에는 대중 마음을 이해하지 못했다는 자책이 담겨 있었다. 감옥에 수감된 사회주의자에게 지배 권력이 허락한 유일한 잡지가 『킹』이었다. 특히 비전향 장기수들은 10여 년이 넘는 세월 동안 자신들이 결코 손에 넣지 못한 대중 마음을 사로잡은 『킹』을 읽는 '벌'을 받아야 했다.

1937년, 잡지왕 노마 기요하루는 출판계를 대표해서 내각정보부 참여(參與, 조언자)가 되었고, 중일전쟁 프로파간다에 직접 관여했다. 마이니치신문, 아사히신문, 요미우리신문 등 1930년대 일일 발행 부수 100만을 넘었던 대중과 친화력이 높은 미디어 대표들이 모두 동원되었다. 총력전 당시 일본 정보국은 단순한 입막음과 정보 은폐가 효과적이지 않다고 판단했다. 그들은 적극적 선전과 계몽, 대외 이미지 개선과 국민 여론 조작을 위한 프로파간다 개발에 열을 올렸다.

하지만 일본 제국이 맞이한 비참한 말로는 즐거운 프로파간다 개발에 열정을 쏟았던 1930년대 기억을 희미하게 만들었다. 그럼에도 오늘날까지도 흔쾌히 나라를 위해 목숨을 바치는 '국민' 만들기 기획은 대중 변심에 민감하게 반응하면서 계속된다.

대중문화를 전면에 내세운 아베의 '쿨 재팬'은 경제적 효용과 대외적인 프로파간다 효용을 함께 획득하려던 전략이었다. 리우올림픽에서 슈퍼 마리오가 된 아베는 바로 쿨 재팬을 실천해 보였다. 이때 문화 콘텐츠와 역사 문제는 별개일까?

쿨 재팬 수행 주체의 대중문화 정책은 젊은 층 지지를 이끌어낸다. 동시에 이들이 일본 내부의 배외주의적 차별을 용인하는 주체라는 점을 놓쳐서는 안 된다. 야스쿠니에 집착하는 아베, 9월 1일 관동대지진 조선인 학살 위령제 추도문을 거절한 고이케 도쿄도지사. 역사의 희생자를 민족 '차별' 없이 모두 같은 '희생자'로 위령해야 한다는 이들 주장은 '재일 특권'을 주장하는 재특회 주장과 맞닿는다. 고이케가 관동대지진 조선인 희생자 수 '6,000명'이라는 숫자를 문제 삼아 9월 1일 행사에 추도문을 보내지 않았듯, 쿨 재팬 수행 권력은 '역사수정주의'라는 단어를 선점해 역사 전쟁을 벌인다. 일본 문화 콘텐츠를 비판하자는 얘기가 아니다. 대중 마음을 사로잡는 콘텐츠를 노리는 정치권력 움직임이 문제다.

나도 일본 문화 콘텐츠를 아주 좋아한다. 대중과 친

화력이 높은 대중문화를 악용하는 프로파간다와 거리두기를 하면서 내가 좋아하는 문화에 대해 학생들과 공유하는 일은 즐거우면서도 쉽지 않다.

❊ 뇌하수체종양 수술을 받고

"중요한 건 꺾였는데도 그냥 하는 마음."

종로 교보문고 문구 코너에서 우연히 발견한 아크릴 마그넷에 적힌 글귀다. 이 글을 쓰면서 인터넷으로 검색해보았다. '중꺾마', 또 새로운 단어를 배웠다. 2022년 한국에서 유행한 말이란다. 난 이 마그넷을 잘 보이는 곳에 붙여놓고 가끔 조용히 소리 내어 읽는다.

2018년 쉰 살이 되는 해에 1년 동안 연구 휴가를 받았다. 미국 워싱턴대학 에드워드 마크 교수가 자신의 대학원 수업을 합동 강의 형식으로 진행하자고 제안했다. 3월 말부터 6월까지 봄 학기 체류, 숙소는 워싱턴대학이 제공한다는 유리한 조건이었다. 네덜란드 라이덴대학 마야 보도피벡 교수는 8월 말에 '1968'을 주제로 한 국제회의에 초청해주었다. 안식년이라면 자신의 연구실이 있는 헤이그 캠퍼스에서 원하는 만큼 머물라고 했다. 2019년 1월부터 3월 말까지는 대학원 시절부터 연구 교류를 꾸준히 해왔던 시카고대학 마이클 보더슈 교수께 부탁해 시카고에 머물기로 했다. 각 대학 체류 기간을 3개월 이하로 한정한 것은 따로 장기 체류 비자를 받기 싫어서였다. 일본에서 비자 문제로 충분히 고생했기에 더는 비자를 받으려고 특정 나라의 입국 관리 부서에 머리를 숙이고 싶지 않았다. 한국 여권으로 가능한 관광 비자만으로 최대한 즐겁게 공부하자. 2018년의 목표였다.

최애하는 근대 신문과 잡지 글씨가 안 보여

2014년, 2015년 무렵 시력이 급격하게 떨어지더니 여행을 계획하던 2017년에는 물체 경계가 흐릿하게 보이는 경우가 많았다. 교정시력도 잘 나오지 않았다. 내 나이에 근시가 급격히 진행되고 잘 보이지 않는 이유를 알기 위해 유명하다는 안과는 다 다녀본 것 같다. 개인 병원에서부터 평판이 높은 대학병원, 마지막에는 안과 병원으로 특화되어 전문 외래만 20개 운영하는 이노우에 안과까지 도쿄에서 가능한 최첨단 정밀 검사를 모두 받았다. 결과는 이상 없음. 덕분에 초기 녹내장을 발견한 것은 수확이었다. 노안도 시작된 터라 책 읽기는 물론이고 일상에 불편함이 이만저만이 아니었다. 이대로 가면 실명하는 게 아닐지 걱정될 만큼 눈에 문제가 생겼는데도 어떤 안과 의사도 시원한 해답을 주지 않았다. 서울에 갔을 때 지인 소개로 한의원에서 침도 맞아봤지만 차도가 없었다.

내가 최애하는 일본 근대 초기 신문과 잡지는 글씨 크기가 몹시 작고, 한자 위에 더 작은 글씨로 '루비'라는 발음을 붙인다. 현대어는 단어 철자법이 안정되어 발음 확인이 필요 없지만 당시는 새로운 서양 사상이 밀어닥치는 시기였고 지식 계층은 의미에 맞는 한자 숙어 만들기에 여념이 없었다. 외래어를 대용할 한자어를 만드는 과정에서 음가도 탄생하는데 개인에 따라 읽는 법이 달랐다.

첫 연구 대상이던 시마자키 도손의 『파계』는 1906년에 발표되었는데 도손의 '독특한 읽기(사상)'가 도입되어 있다. 예컨대 한자어 '社会'를 한국어로는 '사회'라고 읽

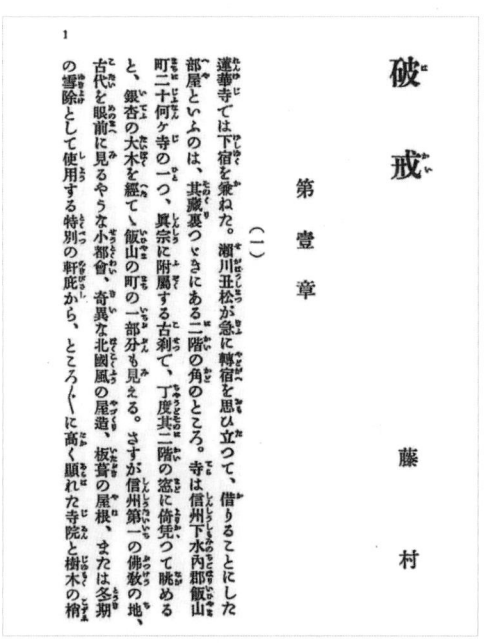

시미자키 도손의 『파계』

고 일본어로는 '샤카이(しゃかい)'라고 발음한다. 초보 일본어를 배운 분이라면 다 아실 거다. 하지만 도손이 이 소설을 쓰던 러일전쟁 전후에 '사회'는 일본에 막 들어온 단어였다. 도손은 '사회'라는 한자에 '요노나카(よのなか)' 즉 '세상'이라는 음가를 붙여 읽으라고 제시했다. 또 '정신(精神)'이라는 한자에 '고코로(こころ)' 즉 '마음'이라는 음을 달았다. 나쓰메 소세키가 1914년에 발표한 소설 제목인 그

'마음'과 같다. 발음은 같아도 시마자키 도손의 '고코로'와 나쓰메 소세키의 '고코로'는 한자가 다르다.

이런 번역어를 정확히 파악하지 않으면 근대 초기 소설이나 사상을 잘 이해할 수 없다. 루비 판독이 안 된다면 이 시대 잡지와 신문을 연구 대상으로 삼기 어렵다. 그냥 한자어를 눈으로 보고 현대 일본어 읽는 방식으로 대충 의미를 이해하는 실력으론 자료를 분석하고 논문을 쓰기란 불가능하다.

절망스러웠다. 가장 좋아하는 공부를 포기해야 하나, 고민을 많이 했다. 글씨 크기별로 안경 도수를 바꾸며 조정해도 잘 보이지 않았다. 하는 수 없이 1950년대~1960년대 연구에 집중했고 현대소설 분석에 주력했다. 일본 연구자들은 한국과 달리 실적을 점수화하는 제도적 압력을 받지 않는다. 중견 이상 연구자들은 학술 잡지에 투고도 거의 하지 않고 의뢰가 들어오는 원고를 중심으로 작업한다. 나는 여러 핑계를 대며 근대 초기 관련 원고 청탁과 발표 제안을 거절했다. 최애하는 옛 신문들을 시력장애로 읽을 수 없었으니까.

앞으로 시력이 계속 떨어져 물체 윤곽이 또렷하게 분간 안 되고 글자 경계가 흐릿해 보이는 상태가 악화된다면 결국 실명하는 게 아닐까, 그럼 내 50대는 어떻게 될까. 몹시 불안했다. 내가 여행을 나서기로 한 이유다. 조금이라도 보일 때 발표를 위한 출장이 아닌 장기 체류하면서 천천히 세계를 돌아보고 싶었다. 설마 이것이 뇌하수체종양의 영향이라고는 꿈에도 생각 못 했다.

시카고에서 발견된 뇌하수체종양, 24시간 내 출국

시애틀, 헤이그, 시카고에서 장기 체류하는 사이사이 중국, 일본, 한국 등 여러 지역을 돌아다녔다. 결국 14개국이 넘는 국경을 넘었다. 네덜란드 헤이그에 있을 때 45퍼센트 할인 특가로 유로패스를 샀다. 덕분에 독일과 벨기에 등 네덜란드 주변 나라에 여러 번 들어갔고 끝없이 이동하면서 1년을 보냈다. 여독이 꽤 쌓인 2019년 1월 15일, 시카고로 향했다. 추운 시카고에서 독하게 공부하리라 마음먹었다. 시카고대학 도서관은 나처럼 일본 출판 검열을 연구하는 이들에게는 최상의 공간이었다.

처음 며칠은 시카고대학의 최경희 교수 댁에서 지내다가 아파트로 숙소를 옮겼다. 그리고 며칠 뒤 1월 26일 새벽 2시쯤이었다. 너무 어지러워서 잠에서 깼다. 눈을 뜨니 눈앞 모든 것이 좌측으로 15도 정도 기울어져 보였다. 마치 어린 시절 공원에서 뺑뺑이를 탔던 때처럼 방이 빠른 속도로 회전했다. 걸을 수도 없었고 구토감이 심했다. 최경희 선생님과 여행자 보험 회사 담당자의 도움을 받아 우선 1단계 병원에서 진단을 받았다. 의사는 이석증이라고 판단했는지 그에 맞는 처방을 해주었다. 물론 이비인후과 전문의는 아니었다. 이분이 전문의를 만나야 한다고 판단 내리지 않으면 전문의를 만날 수도 없었다. 한국과 일본의 의료 시스템에 익숙한 나는 정말 답답했다. 일주일이 지나도 걷지를 못했고 결국 MRI 촬영을 하게 되었다. 병원 수속은 여행자 보험 회사가 미리 전화로 다 해결해주었고 뉴욕에 사는 여동생과 최경희 선생님께서 나를 병원에 데려다주었다.

결과는 전화로 통보되었다. 뇌에 종양이 두 개 있으니 빨리 시카고대학병원 ER에 가보라고 했다. 나는 위기의 순간에 신경이 둔해지는 습성이 있다. 놀라기보다는 다음에 뭘 해야 하지, 일의 순서를 생각한다. 다행히 사돈께서 미국의 큰 병원 정형외과 의사셨고 여동생을 통해 그분께 MRI 영상을 보냈다. 다들 아시겠지만 미국에서는 전문의를 바로 만날 수 없다. 당시 시카고는 영하 30도를 기록할 정도로 한파가 몰아쳤고 그 영향으로 시카고대학병원 ER은 응급 환자로 가득하다는 말을 지인으로부터 들었다. 지인은 남편이 어지럼증을 호소해 ER에 갔다가 의사 만나기를 포기하고 돌아왔다고 했다. 구급 환자가 넘쳐 병원 바닥에 앉아 기다려야 하고 24시간 이내로 의사 면허증을 가진 의사를 만날 가능성이 희박하다고 덧붙였다. 만약 운 좋게 만나더라도 뇌신경외과 전문의가 아닐 수도 있었다. 사돈께서 동료인 뇌신경외과 의사에게 내 자료를 보여주며 의견을 물었다.

그들의 결론은 내 종양 크기와 위치가 긴급 수술이 필요한 것은 맞지만 미국에서 치료를 시작해서는 안 된다, 당장 미국을 탈출하라, 였다. 어찌어찌 전문의를 만나더라도 내가 가진 보험으로는 평판 좋은 의사에게 충분한 치료를 받기 어렵다는 게 이유였다. 24시간 이내 탈출을 목표로 바쁘게 움직였다. 다음 날 비행기를 예약했고 소개장 없이 초진 환자를 받아주는 대학병원을 급하게 찾았다.

다시 돌아온 도쿄

입국관리국은 나를 매우 수상히 여겼다. 하네다공항에서 처음으로 강도 높은 짐 검사와 취조를 받았다. 하루 전날 갑자기 비행기 예약을 하고 휠체어 요청을 한 것, 환자라면서 보호자도 없이 혼자 돌아온 것이 수상했던 모양이다.

회전성 어지럼증이 계속되는 가운데 익숙지 않은 휠체어에 앉은 내 눈앞에 너 정말 환자가 맞냐고 의심하는 입국 관리관들이 무리 지어 나타났다. 그들은 가방을 열더니 물건을 전부 꺼내 천천히 검사하고 질문을 거듭했다. 이상하게 이 말도 안 되는 경험을 한 직후부터 지금까지 당시 그들이 내게 던진 질문 내용이 전혀 생각나지 않는다. 그저 외국살이가 서럽다는 생각뿐. 뇌에 종양이 있다는 진단보다 마음이 아렸고 충격이 컸다. 거주가 25년이 다 되어가도 또 안정된 직업을 가졌다는 사실을 파악해도 그들이 보기에 조금이라도 수상한 움직임을 하면 난 한순간에 범죄(무슨 범죄인지 모르지만) 용의자가 될 수 있음을 알았다.

다음 날 아침 일찍 도쿄여자대학병원에 갔다. 이 선택이 내게 큰 행운을 가져다주었다. 모든 질병이 그렇겠지만 뇌하수체종양 치료에는 병원 선택이 중요하다. 뇌 부위는 세분화되어 부위별 또는 증상에 따라 전문 치료 경험과 성공률 높은 의사, 이른바 명의를 만나야 한다.

또 팀을 이루어 수술하기에 수술 장비가 최적화되어 신뢰도 평가가 높은 곳을 선택해야 한다. 내게는 그런 조사를 할 시간이 없었다.

도쿄여자대학병원은 외과가 강한 곳이다. 특히 뇌신경외과는 일본 최고라는 평가를 받았고 수술 건수도 매년 일본 톱5에 들어갔다. 내가 수술 받은 전 해는 수술 건수 1위였다. 수술을 결정하는 과정에서 각종 공식 평가서를 조사해보고 알았다. 내 수술을 담당해준 가와마타 다카카즈 선생님은 나의 종양 부위 수술 분야에서 명의로 손꼽히는 분이었다. 보통은 전국에서 진찰을 받기 위해 어렵게 예약하고 큰 여행 가방을 끌고 나타나는데 나는 아무 노력도 없이 그분의 진찰실로 최단 시간에 들어가 바로 수술을 받았다. 이 모든 행운은 의욕이 넘치는 조교(Assistant Professor) 선생님 덕분이었다.

우연히 내가 병원에 간 금요일은 뇌하수체종양 전문가들이 외래를 담당하는 날이었다. 소개장이 없었기에 처음 레지던트 선생 방으로 안내되었다가 나를 보자마자 소개장 없이 병원에 나타난 사정을 묻더니 바로 다른 방인 조교 선생님께 이동시켰다. 이분은 내 증상에 관한 지식이 풍부했고 치료법도 조리 있게 설명해주셨다.

종양이 두 개 있어 내분비과, 이비인후과, 안과 의사들과 연계해야 했고 각종 기계의 빈 시간을 조율해야 했다. 능력자 조교 선생님께서 최적의 선생님들 일정표와 기계들 스케줄을 파악하고 빈 시간을 찾아내 검사를 서둘러주셨다. 뇌하수체 호르몬 이상은 아니었지만 수술 전 검사를 위해 내분비과에 입원해야 했다. 내분비과 선생님은 입원실 확보를 위해 내가 원하는 타입 병실이 부족하자 전화로 교섭해주셨고 바로 입원이 가능했다. 시력장애와 마비가 언제 일어날지 모르는 긴급 상황이라고 했다.

뇌신경외과는 전국에서 환자가 몰리는 곳이었는데 틈새 시간에 슬그머니 내 검사를 밀어 넣는 이분들의 '신공' 덕분에 모든 게 순조로웠다. 우는소리를 하면 바로 적당한 분들이 기다렸다는 듯 착착 나타났다. 당시 나는 수술 담당의를 지정할 상황이나 입장이 아니었다. 정보도 없었다. 충분한 여유를 갖고 병원을 찾지 못했다. 팀을 구성해 수술한다는 사실만 알아서 조교 선생님이 누군가와 같이 하리란 예상은 했다. 도쿄여자대학이라면 누가 담당하더라도 문제가 없다는 생각이 들었다. 수술 일정을 정하는 단계에서 뇌신경외과 주임 교수인 가와

마타 선생 중심으로 수술이 진행된다는 걸 알았다. 깜짝 놀랐다. 이젠 됐다는 안도감에 병실을 나오는데 살짝 눈물이 났다.

도쿄여자대학에서 뵌 각 과 의사 선생들은 친절했고 이쪽이 납득할 때까지 자세히 설명해줬다. 다음 환자가 있으니까 나가라는 신호를 보내는 법이 없었다. 내 진료 시간을 충분히 확보해줬기에 기다리는 시간이 길어져도 다른 사람에게도 같은 배려를 하겠거니 싶어 아무렇지 않았다.

중요한 건 꺾였는데도 그냥 하는 마음

뇌신경외과 용어는 매우 생소해 이해하기가 어려웠다. 그동안의 일본어 공부가 별 도움이 안 되는 절망감에 빠지는 순간도 많았다. 나의 질병을 공부하고 이해하는 과정은 새로운 일본어 의학 용어를 습득하는 시간이었다. 뇌 부위별 명칭이 모두 한자어였다. 어떻게 저런 한자를 쓰는지 이해가 안 되는 조합이었다. 외국어냐 모국어냐의 문제가 아니고 아마도 의료 용어가 상상력을 자극하는 아름다운 조합이 아니기 때문이지 싶다.

양성 뇌하수체종양이었고 코를 통한 내시경 수술을

받았다. 내 종양은 완전 적출이 불가능한 위치였고 크기도 커서 수술 시간이 길었다. 조금만 늦었더라면 개두술과 내시경 수술을 병행했을 거라고. 목숨과 상관없다는 사실은 알았지만 뇌를 건드리는 수술이라 걱정이 없었다면 거짓말이다. 집도의는 시력이 좋아질 가능성이 있다고 했다. 수술 후 마취에서 눈을 떴을 때 물체가 확실하게 보여 깜짝 놀랐다. 시력이 아주 좋아지진 않았어도 물체 윤곽이 선명하게 눈에 들어왔다. 그걸로 충분했다.

"중요한 건 꺾였는데도 그냥 하는 마음."

수술 후 내가 좋아하는 옛날 신문과 재회하는 기쁨을 누렸다. 뭐라 말로 표현을 할 수가 없었다. 다시 미디어 공부를 시작했고, 덕분에 옛 최애와의 재회 기념으로 2024년 5월 일본에서 새로운 책 『출판 제국의 전쟁』을 펴냈다. 일본 전국 20개가 넘는 신문이 서평을 크게 다뤄주기도 했다. 6월에는 푸른역사에서 '불량한 책들의 문화사'라는 제목으로 한국어판이 출간되었다. 다행히 한국에서도 많은 신문 매체가 서평을 써주었고 발간 두 달 만에 2쇄를 찍었다.

아마 내가 2019년에 수술을 하고 일하는 방식을 바꾸지 않았다면 오랜 일본 생활을 돌아보는 이 책을 쓸

책으로 둘러싸인 연구실에서 보내는 하루하루는 늘 즐겁다.
와카바야시 미치루 촬영.

엄두를 내지 못했을 것이다. 이주자로서의 시간을 정리하는 좋은 기회였다. 내게는 앞으로도 많은 시간이 남아 있다. 무엇을 어떻게 하면서 살아야 할지…… 천천히 생각해야겠다.

참고문헌

紅野謙介, 『投機としての文学―活字・懸賞・メディア』(新曜社, 2003)
康潤伊・鈴木宏子・丹野清人(編), 『わたしもじだいのいちぶです: 川崎桜本・ハルモニたちがつづった生活史』(日本評論社, 2019)
温又柔, 『真ん中の子どもたち』(集英社, 2017)
村上春樹, 『ノルウェイの森』(講談社, 1987)
アーサー・ビナード, 『日本語ぽこりぽこり』(小学館, 2005)
シリン・ネザマフィ, 『白い紙/サラム』(文藝春秋社, 2009)
ボヤン・ヒシグ, 『懐情の原形―ナラン(日本)への置き手紙』(英治出版, 2000)
楊逸, 『時が滲む朝』(文藝春秋社, 2008)
楊逸, 『ワンちゃん』(文藝春秋社, 2008)
南富鎭・白川豊(編), 『張赫宙日本語作品選』(勉誠社, 2003)
NHKスペシャル「メルトダウン」取材班, 『福島第一原発事故7つの謎』(講談社, 2015)
『現代詩手帖』2011年12月号(思潮社, 2011)
和合亮一, 『詩の礫』(徳間書店, 2011)
岩崎稔・成田龍一・島村輝(編), 『アジアの戦争と記憶』(勉誠出版, 2018)
夏目漱石, 『虞美人草』(朝日新聞, 1907)
関礼子(編), 『樋口一葉日記・書簡集』(筑摩書房, 2005)
水村美苗, 『日本語が亡びるとき: 英語の世紀の中で』(筑摩書房, 2008)
李良枝, 『由熙』(講談社, 1989)
李良枝, 『ことばの杖: 李良枝エッセイ集』(新泉社, 2022)
温又柔(編), 『李良枝セレクション』(白水社, 2022)
中島京子, 『やさしい猫』(中央公論社, 2022)
金石範・内田亜里, 『金石範《火山島》小説世界を語る!』(右文書院, 2010)
チョ・ナムジュ, 『82年生まれ、キム・ジヨン』(筑摩書房, 2018)
斎藤真理子(編), 『完全版 韓国・フェミニズム・日本』(河出書房新書, 2019)
島崎藤村, 『破戒』(1906, 青空文庫에서 인터넷 열람 가능)
佐藤卓己, 『《キング》の時代』(岩波書店, 2002)

나카지마 교코, 『꿈꾸는 도서관』(정은문고, 2025)
손지연 엮음, 『전후 동아시아 여성서사는 어떻게 만날까』(소명출판, 2022)
고영란, 『불량한 책들의 문화사』(푸른역사, 2025)

**일본에서
국문학을
가르칩니다**

초판 1쇄 발행 2025년 10월 27일

지은이 | 고영란

펴낸곳 | 정은문고
펴낸이 | 이정화
디자인 | 원선우

등록번호 | 제2009-00047호 2005년 12월 27일
주소 | 서울시 마포구 동교로13길 60
전화 | 02-392-0224
팩스 | 0303-3448-0224
이메일 | jungeunbooks@naver.com
블로그 | blog.naver.com/jungeunbooks
페이스북 | facebook.com/jungeunbooks

ISBN 979-11-85153-74-2(03810)

책값은 뒤표지에 쓰여 있습니다.

알라딘 북펀드에 참여해주신 분들
Nagoya JR, YANG CHRIS, 가가책방, 강경민, 강문희, 강성현, 강이경, 강현아, 고건, 고민재, 고은미, 고의선, 고의선(2), 고지영, 고지영(2), 곽나영, 구모룡, 권혁태, 김경민, 김미정, 김민솔, 김보경, 김영대, 김영선, 김영수, 김원, 김은지, 김지선, 김지영, 김지영(2), 김진태, 김태화, 김현주, 도쿄 책거리, 류해은, 마법의도서관장, 민철홍, 박광훈, 박도영, 박수영, 박수희, 박은미, 박정아, 박종호, 박종화, 박준희영원의무역상, 박진희, 박현선, 박훈평, 배상미, 백수영, 백승주, 산나그네, 서승희, 서유, 서정익, 서지민, 설문정, 소피, 손성준, 손진원 반재영, 송유나, 수하진, 신나영, 신민정, 신예원, 신지은, 신현아, 안동학인, 알격조선생, 오앗·큰비, 오은정, 오혜진, 원미선, 유가은, 윤혜원, 이동환, 이두리, 이상민, 이석범, 이성욱, 이수희, 이승연, 이승우, 이유나, 이윤정, 이은진, 이의진, 이전규, 이정자, 이현정, 이희재, 인디미나, 임윤미, 임채원, 임태훈, 장연지, 장정민, 정고은, 정연서, 정인철, 정지민, 정창훈, 정한우, 조미화, 조성장, 조원강, 진영민, 진은별, 참새바다, 채윤희, 천정환, 최장락, 최주찬, 최희정, 풀무리, 한연선, 허정회, 황성훈, 황혜리, 황호덕